Melaten

Mythos und Legenden

Ayhan Demirci

Melaten

Mythos und Legenden

Der berühmte Kölner Friedhof in Geschichten und Anekdoten

mit einer Einleitung
von Stefan Pohl

Wienand Verlag Köln

Verlag, Autor und Herausgeber danken allen Personen, die durch ihre freundliche Unterstützung und wertvollen Hinweise dieses Buch ermöglicht haben.

Besonderer Dank gilt Anton Schorn, dem langjährigen Gärtnermeister von Melaten. Er verstarb wenige Monate vor Fertigstellung dieses Buches. Wie so viele Kölner, deren Gräber er fast über drei Jahrzehnte sorgsam im Auge behielt, war Schorn ein Stück Stadtgeschichte. Er hatte stets ein offenes Ohr, für den kleinen Mann wie für die Hochfinanz."
Auch er fand auf Melaten die letzte Ruhe. Seinem Wunsch gemäß wurde Schorn im Grab eines Amtskollegen aus längst vergangenen Tagen beigesetzt – in dem des „Stadtgärtners von Köln, Ant. Strauss (1828–1888)" in Flur 37.

Inhalt

Wo wird einst des Wandermüden
Letzte Ruhestätte sein?
Unter Palmen in dem Süden?
Unter Linden an dem Rhein?

Werd ich wo in einer Wüste
Eingescharrt von fremder Hand?
Oder ruh ich an der Küste
Eines Meeres in dem Sand?

Immerhin! Mich wird umgeben
Gotteshimmel, dort wie hier,
Und als Totenlampen schweben
Nachts die Sterne über mir.

Heinrich Heine

Melaten – Lebendige Ruhestätte

Kein anderer Friedhof übt auf die Kölner eine solche Faszination aus wie der prächtige, legendenumwitterte Gottesacker mit der offiziellen Anschrift „Aachener Straße 204". Grabsteine zeugen von vergangenen Tagen, von Menschen, die einst die Geschicke der Stadt lenkten und mitprägten. Allein die „Millionenallee", die ihren Namen den prunkvollen Familiengräbern der gutsituierten Bürger verdankt, ist ein eindrucksvoller Schaukasten Kölner Stadtgeschichte. Wenn es darum geht, seine letzte Ruhestätte zu bestimmen, ist Melaten bis heute die erste Adresse für alle, die etwas auf sich halten.

So ist Melaten ein „Who's Who" der lokalen Prominenz von Vergangenheit bis Gegenwart. Politiker, Juristen, Industrielle, Kaufleute und Militärs, aber auch Künstler, Schauspieler und Karnevalisten haben sich hier ein Denkmal gegen das Vergessen gesetzt. In den Grabsteinen des Friedhofs spiegeln sich fast 200 Jahre Kölner

Blick über den ost-westlichen Hauptweg, genannt „Millionenallee".

Stadtgeschichte. Das Interesse daran hat in den letzten Jahren stark zugenommen, was die zahlreichen Friedhofsführungen zeigen. Diese werden unter anderem von „StattReisen Köln“ angeboten. Die Termine können aus den monatlich erscheinenden Stadtzeitungen und den Terminkalendern der Tageszeitungen entnommen werden.

Bis zum Ende des 19. Jahrhunderts war der 1810 eröffnete Friedhof zumindest für die Katholiken die einzige Beerdigungsstätte. Für jeden, ob arm oder reich, war Melaten damals die letzte Adresse. Heute ist es dagegen gar nicht so leicht, dort beerdigt zu werden. Wenn man kein Grab auf dem über 43 ha großen Gelände mit seinen insgesamt 30 Kilometer langen Wegen sein eigen nennen kann, muß man das Glück haben, innnerhalb des Friedhofsbezirks zu wohnen, oder eine Patenschaft für ein historisches Grab übernehmen. Dann ist man verpflichtet, es instand zu halten oder zu setzen, und darf dafür das Vorrecht genießen, auf Kölns erstem Friedhof bestattet zu werden.

Während des Zweiten Weltkriegs wurden viele Grabmäler zerstört. Die schlimmsten Verwüstungen richteten die Bombardements vom 30. und 31. Oktober 1944 an. Die Erkenntnis, daß Grabstätten wichti-

Ein durch Bombenangriff zerstörtes Grabfeld auf dem Melatenfriedhof, im Jahre 1944.

ge kunst- und kulturgeschichtliche Zeugen sein können, hat in den letzten Jahrzehnten zu dem verstärkten Bemühen geführt, die nicht völlig zerstörten Grabmäler zu restaurieren. Viele stehen mittlerweile unter Denkmalschutz.

Doch nicht nur die prachtvollen Grabstätten machen die besondere Faszination Melatens aus. Es ist ein Ort der Ruhe, eine Oase im hektischen Großstadtleben. Der streßgeplagte Städter kann hier Besinnung und Erholung vom Alltag finden. Die Grünanlage mit ihrem prächtigen Baumbestand hat auch eine ökologische Funktion, sie ist die „Grüne Lunge“ Kölns. Darüber hinaus bietet sie vielen Tier- und Pflanzenarten einen Lebensraum inmitten der Stadt. Über 40 Vogelarten sind hier heimisch. Aufsehen erregten in den letzten Jahren die Kolonien verwilderter Papageien, die in den hohen Baumwipfeln Unterschlupf finden. Verwilderte Katzen streunen herum, und zahme Eichhörnchen warten sehnsüchtig darauf, daß sie von den Friedhofsbesuchern gefüttert werden. Fledermäuse schwirren durch die Luft. Melaten ist ein äußerst lebendiges Biotop.

Auch Skurriles ist zu berichten. So wird zum Beispiel von einem Trompetenbaum mit einem besonders dicken Ast in Flur 81 erzählt, an dem sich in den vierziger Jahren mehrere Selbstmörder aufgehängt haben. Deshalb wurde er kurzum „Galgenbaum“ genannt. Die Stadtverwaltung veranlaßte, daß der Ast abgesägt wurde. Später mußte der Baum sogar gefällt werden. Geschichten von Grabplünderern und Satansjüngern machen die Runde. Obdachlose suchen ab und zu in den geräumigen Gruften Schutz vor Regen und Kälte – Hauptsache ein Dach über dem Kopf!

Das galt auch für einige Familien nach Ende des Zweiten Weltkriegs, die ausgebombt worden waren und hier eine Zeitlang Unterschlupf fanden. Und die Kinder aus der Ehrenfelder Nachbarschaft, für die der Tod in der damaligen Zeit etwas Alltägliches geworden war, stiegen in die geheimnisvollen Gruften herunter und eroberten sich einen kleinen Fleck zum unbekümmerten Spielen. Oder sie gingen zwischen den zerstörten Grabmälern auf Entdeckungsreise.

Melaten ist zum Mythos geworden. Die besondere Atmosphäre hat auch die boomende Kölner Fernseh- und Filmindustrie entdeckt. Immer häufiger muß der Friedhof heute als Filmkulisse herhalten.

Zuerst aber ist er ein Ort der Toten und der Hinterbliebenen, die hier um ihre verstorbenen Angehörigen trauern oder mit diesen in aller Stille kommunizieren. In einer Zeit, in der der Tod immer mehr aus dem alltäglichen Leben verbannt wird, ist der Friedhof eine Mahnung an die Lebenden, daß auch ihre Existenz eine endliche ist.

Ort der Todgeweihten

Der Tod war aber auf Melaten schon lange vor der Anlage des Friedhofs allgegenwärtig. Der Name gibt einen Hinweis auf die düstere Vorgeschichte. Er leitet sich von dem französischen Wort „malade" für „krank sein" ab. Der Kölsche sagt noch heute „malat", wenn er sich mal elend fühlt. Melaten war also der Ort der Kranken, denn einst befand sich auf dem Gelände eine Leprosenanstalt.

Im 12. Jahrhundert berichteten die Quellen erstmals davon, daß vor den Toren der Stadt an der Straße nach Aachen ein Siechenhaus stand. Neben den Unterkünften für die Leprakranken gehörten zu diesem Komplex eine Kapelle, die im Jahre 1245 vom Kölner Erzbischof höchstpersönlich eingeweiht worden war, und ein Wirtshaus, das Offermannhaus. Das Leprosenasyl war mit umfangreichem Besitz ausgestattet, so mit dem benachbarten Hof Melaten. Darüber hinaus betätigte sich mancher Kölner Bürger als großzügiger Wohltäter, wohl in der Hoffnung, sein Seelenheil auf diese Weise retten zu können.

Zwischen 16 und 24 „Aussätzige", wie man die Kranken nannte, lebten hier. War jemand unter den Verdacht geraten, an Lepra erkrankt zu sein, wurde er von einer vereidigten „Sachverständigen-Kommission", die auch aus Leprakranken bestand, untersucht. Stellte diese die Krankheit fest, dann bedeutete das für den Betroffenen den „bürgerlichen Tod"; er war fortan aus der Gesellschaft ausgestoßen.

Die strenge Leprosenordnung untersagte das Verlassen des Geländes. Nur an hohen Feiertagen durften die Unglücklichen in die Stadt gehen, um zu betteln. Damit die Städter frühzeitig die Leprosen erkennen konnten und vor der Ansteckungsgefahr gewarnt wurden, mußten die Leprakranken eine auffällige Tracht tragen. Sie bestand aus Joppe, Kniehose, Siechenmantel, großem Hut und weißen Handschuhen. Außerdem waren sie verpflichtet, mit einer Klapper laut-

Der Schellenknecht an der Aachener Straße.

stark auf ihr Kommen aufmerksam zu machen. Zusätzlich ging ein Schellenknecht voran. Die Skulptur eines solchen Schellenknechts, die ursprünglich in einer Mauernische des Melatener Hofs stand und später im Stadtmuseum aufbewahrt wurde, stellte man 1989 am Eingang zur alten Friedhofskapelle wieder auf.

Doch noch in anderer Hinsicht war Melaten ein Ort des Todes: Er diente seit dem Mittelalter als öffentliche Hinrichtungsstätte. Hier ließen unzählige Menschen ihr Leben. Von der Hacht, dem bischöflichen Gefängnis auf dem Domhof, wurden sie auf dem „Armsünder-Karren“ nach Melaten gebracht. Der Weg ging über Breite Straße und Ehrenstraße durch das ehemalige Ehrentor und dann weiter über den heute nicht mehr existierenden Melatener Weg. Den Karren mußte die Leprosenanstalt stellen, ebenso ein Glas Wein, auf das der Delinquent Anspruch hatte, bevor der Henker sein blutiges Handwerk vollstreckte. Dieses traurige Schicksal widerfuhr auch dem Protestanten Peter Fliesteden, der im Dom die Messe verhöhnt hatte. Gemeinsam mit dem Wanderprediger Adolf Clarenbach, der ebenfalls wegen seines Bekenntnisses zu Luthers Lehren verhaftet worden war, starb er im Jahre 1529 den Feuertod. Ein Gedenkstein unweit der Trauerhalle, am Eingang der Piusstraße, erinnert seit 1979 an dieses traurige Kapitel der Intoleranz.

Zu einer besonders düsteren Epoche der Stadtgeschichte zählen die Hexenverbrennungen, denen auf Melaten im 17. Jahrhundert etwa 30 Mädchen und Frauen auf grausame Weise zum Opfer fielen. Besonderes Aufsehen erregte die Hinrichtung der Katharina Henoth, denn sie stammte aus gutem Hause. Sie war die Tochter des kaiserlichen Posthalters Jakob und Schwester des Stiftsherrn von St. Andreas und Propst von St. Severin, Hartger Henoth. Verzweifelt wehrte sie sich gegen die Verleumdungen, doch vergeblich. Schon schwer durch Folter gezeichnet, schrieb sie einen Brief an ihre Familie, in dem sie von den Mißhandlungen berichtete. Am 19. Mai 1627 wurde sie verbrannt, zuvor jedoch hatte der Scharfrichter sie erdrosselt, was ihr noch schlimmere Qualen ersparen sollte.

Die letzte Hinrichtung fand am 13. Juli 1797 statt, als der Kirchenräuber Peter Eick unter den Augen vieler Schaulustiger gehängt wurde. Bereits 30 Jahre zuvor hatte die Leprosenanstalt ihre Pforten geschlossen. Die Lepra war in Europa so gut wie besiegt. Zuletzt waren hier fast nur noch Kranke mit anderen ansteckenden Krankheiten

Die Trauerhalle am Eingang Piusstraße.

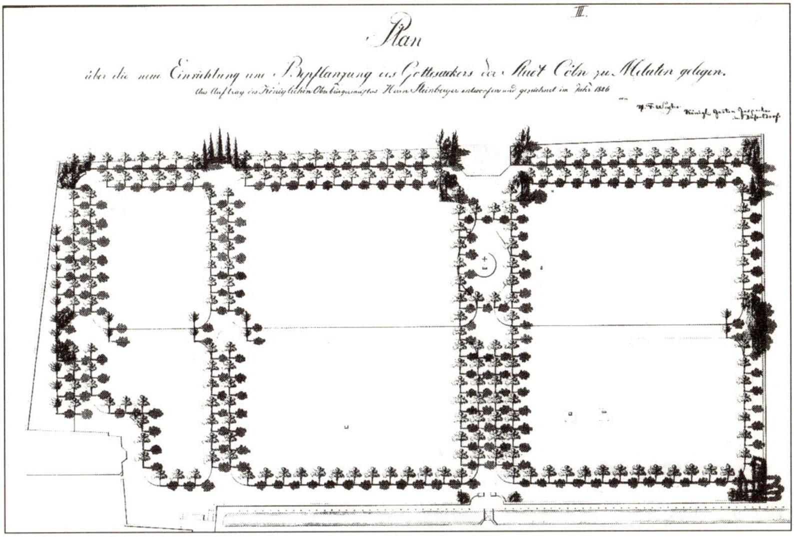

Friedhofsplan aus dem Jahre 1826.

untergebracht. Die Gebäude wurden dann als städtisches „Zucht- und Arbeitshaus“, seit 1801 als Waisenhausherberge genutzt.

Der Gottesacker der Stadt Köln

Das Gelände von Melaten, auf dem auch einige Schlachten geschlagen worden waren, war bis zum Ende des 18. Jahrhunderts ein Ort des Todes. Nach einer kurzen Zeit, in der er anderweitig genutzt worden war, sollte er zu Beginn des 19. Jahrhunderts zum Ort der Toten werden, zum „Gottesacker der Stadt Köln“, wie er in einem Friedhofsplan aus dem Jahre 1851 genannt wird.

Den Anstoß dazu kam von der französischen Besatzung, die 1794 kampflos die Macht in Köln übernommen hatte. Der damalige Bürgermeister Anton Reiner von Klespe kam den französischen Truppen auf der Aachener Straße sogar entgegen und übergab ihnen den Stadtschlüssel. Natürlich fand auch er nach seinem Tod im Jahre 1818 einen Platz auf Melaten. Sein Grab (Littera D, zwischen Littera H und J) schmückt ein schlichtes Steinkreuz.

Grabmal Anton Reiner von Klespe (1744–1818).

Die Franzosen bescherten der traditionsbewußten ehemaligen Freien Reichsstadt nicht nur die revolutionären Prinzipien von Freiheit, Gleichheit und Brüderlichkeit sowie ein modernes Rechts- und Verwaltungssystem, sondern mit dem 1804 erlassenen „Décret sur les sépultures“ auch neue Bestimmungen zum Beerdigungswesen. Dieses verbot die Beerdigung in Städten und Dörfern. Auch die Bestattung in geschlossenen Gebäuden, zum Beispiel in Kirchen, war untersagt. – Vor allem hygienische Gründe wurden dafür ins Feld geführt.

Das bedeutete für die Kölner eine radikale Umstellung. Sie waren seit Jahrhunderten gewohnt, ihre Toten in und um die Pfarrkirchen zur letzten Ruhe zu betten. Dabei spielte die Nähe des Grabes zum Altar eine wichtige Rolle. Denn die Altäre bargen Reliquien von Heiligen und Märtyrern, von denen es in Köln bekanntlich sehr viele gab. Sie wurden als Fürsprecher der sündigen Seelen verehrt. Es galt der Grundsatz: Je größer die gesellschaftliche Stellung, um so näher die Lage des Grabes zum Altar. Zeitweise wurde die Hälfte aller Toten in Kirchen bestattet. Die übrigen Gemeindemitglieder beerdigte man auf dem Kirchhof unmittelbar neben ihrer Pfarrkirche. So erinnerten sich die Gläubigen beim sonntäglichen Gottesdienstbesuch an ihre Toten – und an ihren eigenen Tod. Das Dekret machte dieser Tradition ein Ende.

Die Beschwerden über Ausdünstungen und Verwesungsgerüche in den Kirchen, die zu Schwindel- und Ohnmachtsanfällen bei den Gottesdienstbesuchern geführt haben sollen, hatten sich gegen Ende des 18. Jahrhunderts vermehrt. Außerdem konnten die innerstädtischen Friedhöfe die Toten der auf über 40000 Bewohner angewachsenen Stadt kaum noch aufnehmen. Die Liegedauer der Leichen auf den Kirchhöfen betrug häufig nur wenige Jahre. Die unverwesten Knochen wurden nach Ablauf dieser Zeit in Beinhäuser gebracht und dort aufbewahrt. Neue hygienische Erkenntnisse sprachen für die Änderung dieser unhaltbaren Zustände.

Um das Dekret über das Beerdigungswesen umsetzen zu können, suchte die Stadtverwaltung einen geeigneten Standort für einen zentralen städtischen Friedhof außerhalb der Stadt, die bis zum Jahre 1883 an der Stadtmauer, entlang der heutigen Ringstraße, endete. Schnell dachte man an das einige Kilometer vor dem Hahnentor gelegene Gelände der ehemaligen Leprosenanstalt Melaten. Für die Wahl sprachen auch die günstigen Bodenverhältnisse und der ausreichende Platz für eventuell anstehende Erweiterungen. Die Stadt erwarb ein drei Hektar großes Grundstück und ließ die Gebäude der Leprosenanstalt niederreißen.

Aber es regte sich auch Widerstand. Einen Friedhof ohne kirchlichen Mittelpunkt lehnten viele Menschen aus religiösen Gründen ab. Auch die Vorstellung, daß Reisende, die von Westen her über die Aachener Straße unterwegs in die Stadt waren, an einem Friedhof vorbeikommen sollten, mißfiel so manchem Kölner. Welchen Eindruck sollte das auf Fremde machen? Andere befürchteten, daß die Beerdigungskosten wegen des zusätzlichen Leichentransports steigen würden. Die Realisierung des Zentralfriedhofs wurde aber auch wegen des Geldmangels in den städtischen Kassen und wegen des Streits über die künftige Friedhofs- und Gebührenordnung verzögert. Vor allem die Kirche sah wegen der Kommunalisierung einiger Dienste Einnahmequellen versiegen.

Am 29. Juni 1810 war es dann trotz aller Hindernisse endlich soweit. Ein Festzug setzte sich von St. Aposteln in Richtung des neuen Friedhofs in Bewegung. Unter großer Anteilnahme der Bevölkerung und der lokalen Prominenz wurde Melaten als städtischer Friedhof feierlich durch Dompfarrer Michael Joseph DuMont eingeweiht. Die erste Bestattung fand knapp zwei Wochen später statt. Gleichzeitig schloß man alle innerstädtischen Friedhöfe, Beerdigungen wurden dort nur noch in Ausnahmefällen gestattet.

Melaten war neun Jahre nach der Einweihung auch für Dompfarrer DuMont zur letzten Ruhestätte geworden. Auf seinem Grab (HWG, zwischen Littera B und C) wurde eine von Ferdinand Franz Wallraf entworfene klassizistische Stele errichtet. Die Volutenkrönung trägt ein aufgeschlagenes Buch. Dahinter erkennt man einen Löwen als Sinnbild der Auferstehung und eine Schlange als Symbol der Gefahren des Lebens.

Bis zum Jahre 1829 war Melaten ausschließlich katholischen Verstorbenen vorbehalten. Noch konnte auch der Tod die konfessionellen Schranken nicht überwinden. Die evangelischen Christen besaßen mit dem Geusenfriedhof am Weyerthal bereits seit der zweiten Hälfte des 16. Jahrhunderts einen Friedhof, der vor den Stadtmauern lag. Ihnen war nämlich in der Regel untersagt, die innerstädtischen Kirchhöfe zu nutzen, so daß die Verstorbenen zunächst sogar auf freiem Feld außerhalb der Stadt unter die Erde gebracht werden mußten. Auch die Juden, die sich nach ihrer Ausweisung im 15. Jahrhundert seit dem Jahre 1798 wieder in Köln niederlassen durften, beerdigten ihre Toten außerhalb der Stadt, nämlich in Deutz. Erst gegen Ende des 19. Jahrhunderts wurde in unmittelbarer Nachbarschaft zum Friedhof Melaten der erste linksrheinische jüdische Friedhof in Köln seit dem Mittelalter angelegt.

Grabmal Michael Joseph DuMont (1746–1818).

„Für die Toten Kölns geheiligte Stätte…“

Das Gelände des neuen Friedhofs wurde rasterförmig eingeteilt. Zwei Hauptwege führten senkrecht auf die Aachener Straße, ein von Ost nach West verlaufender Hauptweg, heute besser als „Millionenallee“ bekannt, kreuzte diese. Die Grabflächen wurden aufgeteilt in Privat- oder Eigengräber und in Reihengräber. Die Eigengräber, mit denen ein mehrfach erneuerbares Nutzungsrecht verbunden war, lagen direkt an den Wegen. Die teuersten waren die an den Hauptwegen. Daran hat sich bis heute nichts geändert. Die Reihengräber dagegen befanden sich im Innern der Grabfelder und wurden von den weniger betuchten Bevölkerungsschichten bevorzugt.

Ferd Franz Wallraf
Joh Heinr Richartz

Das Haupttor an der Aachener Straße errichtete man nach einem Entwurf von Ferdinand Franz Wallraf. Es wurde einem ägyptischen Pylon, einem trapezförmigen turmartigen Torbau, nachempfunden. Auch die drei lateinischen Inschriften am Tor stammen von Wallraf. Sie lauten in Übersetzung: „Für die Toten Kölns geheiligte Stätte", „Gruß dir, auf bessere Zukunft gesäte Saat" und „Geh nicht vorüber ohne fromme Gebete, der du bald der unsrige bist".

Auch an der sonstigen Gestaltung des Zentralfriedhofs nahm Wallraf, der letzter Rektor der von den Franzosen geschlossenen alten Kölner Universität gewesen war, regen Anteil. Dieser Friedhof sollte seiner Auffassung nach nicht allein der Bestattung der Toten dienen, sondern auch eine Atmosphäre bieten, die den Besucher zur Andacht und Meditation anregt. In einer Abhandlung aus dem Jahr 1809 führte er seine Vorstellungen über die im Aufbau befindliche Begräbnisstätte aus: „Hie und da müßte er nun mit einer Rasenbank und ein Paar einsamen Ruhesitzen versehen werden, welche auf einige zwischen und an den Baumgruppen, mit sparsamen Aufwande hingesetzte Gegenstände zielen könnten, die den dorthin pilgernden Christen zu sanften Gefühlen, zum heilsamen Andenken an Verstorbene, zu Betrachtungen über Tod, Vergänglichkeit und Ewigkeit stimmen, und zu dem Troste der seligen Unsterblichkeit ermuntern."

Wallraf, der unter dem Eindruck der Säkularisation während der Franzosenzeit zum Sammler vor allem mittelalterlicher Kunst wurde, starb 1824. Er vermachte seine umfangreiche Kunstsammlung der Stadt Köln. Nach dem Tod des Museumsstifters Johann Heinrich Richartz im Jahre 1861 wurde für beide ein Doppelgrab auf Melaten errichtet (HWG, zwischen Littera A und B). Sechs Jahre später wurde auf dem Grab ein Denkmal enthüllt, das Sammler und Stifter im Gespräch vertieft zeigte. Es wurde im Zweiten Weltkrieg zerstört und später durch einen einfachen Stein ersetzt.

Ursprünglich begrenzte eine Friedhofsmauer Melaten nur zur Aachener Straße hin, die anderen drei Seiten waren von einer Hecke

Historische Aufnahme des zerstörten Grabmals von Wallraf und Richartz.

umgeben. Die Grüngestaltung wurde teilweise nach einem aus dem Jahre 1826 stammenden Plan des Düsseldorfer Gartenarchitekten Maximilian Friedrich von Weyhe, einem der bedeutendsten Garten- und Landschaftsarchitekten seiner Zeit, realisiert. Melaten war von Anfang an auch als Grünanlage konzipiert worden. Im Jahre 1808 hatte man die alte Kapelle des Leprosenasyls auf Initiative Ferdinand Franz Wallrafs renoviert. Sie wurde nach der Eröffnung des Friedhofs zur Friedhofskapelle umfunktioniert.

Zu Beginn wurden als Schmuck der Gräber Kreuze von geschlossenen innerstädtischen Friedhöfen verwendet, vor allem einfache Steinkreuze. Die neuen Grabmäler waren dagegen von der französischen Revolutionsarchitektur beeinflußt. Nach 1815 herrschte der preußisch geprägte Klassizismus vor. Dieser fand seinen Ausdruck darin, daß Stelen, Obelisken, Pseudosarkophage, Tabernakelmonumente und Vollplastiken mit Motiven der griechisch-römischen Antike Verwendung fanden. Auch gußeiserne Kreuze wurden immer beliebter, denn Eisen galt als typisch deutsches Material. Mit der Fortführung des Dombaus kam dann die Neugotik immer mehr in Mode. Die Gründerjahre nach der deutschen Reichsgründung zeichneten sich durch das Bedürfnis nach Repräsentation aus. Pompöse Grabstätten und Gruften entstanden, die teilweise noch heute auf der Millionenallee zu bewundern sind. Um 1910 setzte eine regelrechte Friedhofsreformbewegung ein, die individuelle Grabstätten mit einer einfachen und klar strukturierten Gestaltung propagierte. Die ständig wachsende industrielle Massenproduktion von Grabsteinen führte aber auch verstärkt zu einem anonymeren und gleichförmigeren Aussehen der Grabmale.

Bereits 1830 war der Friedhof zu klein geworden. Das enorme Bevölkerungswachstum machte eine erste Erweiterung in den Jahren 1831 bis 1833 notwendig; zahlreiche weitere folgten. Das bis 1875 durch Ausdehnung entstandene Friedhofsgelände wird heute als „Alter Friedhof“ bezeichnet. Es umfaßte nun 37 Hektar. Durch die Vergrößerung im Jahre 1884 entstand der sogenannte Neue Friedhof. Dabei wurde die strenge rasterförmige Einteilung der Grabfelder aufgegeben. Außerdem errichtete man an der Aachener Straße das westliche Friedhofstor.

Von Totengräbern, Leichenbittern und Friedhofsgeistlichen

Im Gegensatz zur heutigen Zeit starben bis weit ins 20. Jahrhundert hinein die meisten Menschen zu Hause. „Man tritt ins Sterbehaus, schwarz ausgeschlagen ist das Gemach, Palmen und große Kandelaber oder Leuchter (...) mit brennenden Kerzen stehen am Sarg. Die Lichter sind angezündet, daß der Verstorbene im Lichte des Glaubens gewandelt ist", erinnert sich um 1900 der Friedhofsgeistliche von Melaten. Die Toten wurden bis zur Beerdigung im sogenannten Sterbehaus aufgebahrt. Erst 72 Stunden nach Feststellung des Todes durfte beerdigt werden. Man wollte sichergehen, daß der vermeintlich Tote auch wirklich nicht mehr lebte. Die Angst vor einem Scheintod war im 19. Jahrhundert sehr groß.

Nach der Aussegnung im Sterbehaus wurde der Leichnam zuerst in die Pfarrkirche zum Gottesdienst und anschließend in einem feierlichen Leichenzug durch die Straßen der Stadt und zum Hahnentor hinaus auf den Friedhof vor die Stadt gebracht. Seit 1810 war der Leichentransport an einen privaten Fuhrunternehmer verpachtet. Er hatte zwei Leichenwagen mit dunklen Pferden zu stellen. Außerdem war er verpflichtet, „arme Leichen" kostenlos zu befördern. Seine Kutscher mußten einen schwarzen, runden Hut und einen großen schwarzen Mantel tragen. Ihnen war darüber hinaus ausdrücklich untersagt, während des Dienstes zu rauchen.

Auf dem Weg zum Friedhof wurde der Leichenzug manchmal auch von einem „Leichenbitter" begleitet. Bis ins 20. Jahrhundert war es bei wohlhabenderen Leuten üblich, daß anstelle der heute gebräuchlichen Todesanzeigen ein „Leichenbitter" die Nachricht vom Tod eines Menschen den Nachbarn, Verwandten und Freunden mitteilte und Todeszettel mit Angaben zur Person und Beerdigung verteilte. Die Aufgabe dieser städtischen Angestellten war es, „zur Leiche zu bitten". Sie trugen schwarzen Anzug mit Kniehose, schwarze Schnallenschuhe, einen schwarzen Hut mit Trauerflor, weiße Handschuhe und einen schwarzen Stab mit weißem Knauf.

Auf dem Friedhof angekommen, zelebrierte entweder der Pfarrgeistliche oder der Friedhofsgeistliche die eigentliche Beerdigung. Der

Friedhofsgeistliche war als Rektor der Pfarre St. Aposteln, der nächstgelegenen Innenstadtpfarre, unterstellt. Seit 1862 wohnte er dann auch auf Melaten. Ursprünglich sollte der Friedhofsgeistliche für die Einsegnung sowohl arm als auch reich Verstorbener zuständig sein, doch ab Mitte des 19. Jahrhunderts beerdigte er nur noch die „mittellosen Leichen". Die Pfarrer hatten, wohl wegen der lukrativen Gebühren, die Betreuung der „zahlenden Leichen" wieder an sich gezogen.

Neben dem Friedhofsgeistlichen hatte auch die „Totengräber-Familie" Spiegel ihre Dienstwohnung auf Melaten. Sie übte in der Praxis jedoch eher die Funktion eines Friedhofverwalters oder -aufsehers aus. Der erste Aufseher, Everhard Spiegel, hatte Buch über die Beerdigungen zu führen und den Friedhof vor Grabschändern zu schützen. Ihm gingen zwei Hilfskräfte zur Hand, von denen verlangt wurde, „brav und nüchtern" zu sein. Nachdem Everhard Spiegel verstorben war, übernahm seine Frau den Posten. Da sie von der Stadt entlohnt wurde und eine Art polizeiliche Funktion ausübte, kann sie als erste „Beamtin" der Stadt Köln bezeichnet werden. Bis zum Jahre 1891 tat die Familie Spiegel Dienst auf Melaten.

Melaten gilt – zu Recht – als Friedhof der Prominenten und Reichen. Doch er war und ist auch immer ein Friedhof der Armen gewesen. Bis zum Bau eines zweiten Friedhofs Ende des 19. Jahrhunderts war er schließlich die einzige Beerdigungsstätte in Köln; jeder Kölner, ob reich oder arm, kam nach Melaten. Auch wenn der Tod keinen Unterschied in der gesellschaftlichen Stellung macht, so ist die Beerdigung bekanntlich durchaus ein Spiegel des sozialen Status des Verstorbenen.

Familien aus ärmeren Schichten konnten sich die aufwendigen Todes- und Beerdigungszeremonien einfach nicht leisten. Das fing schon bei der Aufbahrung im Sterbehaus an. Wegen der beengten Wohnverhältnisse der weniger betuchten Leute fehlte ein Raum, in dem die Toten die vorgeschriebenen 72 Stunden bis zur Beerdigung bleiben konnten. Sie kamen bis zur Beerdigung in die 1851 auf Melaten errichtete Leichenhalle. Ein Leichenbitter, der aus eigener Tasche gezahlt werden mußte, kam schon gar nicht in Frage. Für diejenigen, die als arm eingestuft wurden – und das waren 1863 zum

Die Friedhofskapelle an der Aachener Straße.

Beispiel mehr als die Hälfte der Verstorbenen –, war der Transport zum Friedhof zwar kostenlos, doch der Fuhrunternehmer durfte dann auch mehrere Särge auf einmal transportieren. Außerdem wußten die Angehörigen nicht, wann die Beerdigung genau stattfinden sollte. Denn die Totengräber und der Friedhofsgeistliche kümmerten sich erst um die „armen Leichen“, wenn die Zeremonien für die „zahlenden“ erledigt waren. So kam es, daß die Leichen mehrere Tage im Leichenhaus „warteten“. Auch war die kirchliche Begleitung des Leichenzugs nur bis zum Hahnentor kostenlos. Die weitaus größte Zahl der Verstorbenen kam ohne Beteiligung der Angehörigen und ohne großes Aufsehen in ein Reihengrab unter die Erde.
Bis zum Jahre 1917 sah die Beerdigungsordnung sechs verschiedene Klassen der Beisetzung vor. Außerdem kannte der Katalog der kirchlichen Dienste 33 verschiedene Angebote. Wer wollte und konnte, hatte die Möglichkeit, neben dem Pfarrer Ministranten, Sänger, Kreuzträger und Kapläne zu engagieren sowie Kirche und Sterbehaus mit Kreuzen, Kerzen, Weihrauchfaß und Tüchern ausstaffieren zu lassen – doch den wenigsten war das vergönnt. Selbst für das Läuten der Kirchenglocken wurden unterschiedliche Gebühren erhoben. Die sechsklassige Begräbnisordnung entsprach der gesellschaftlichen Realität, die auch ein dreiklassiges Wahlrecht kannte. Im Tod aber wurde sogar noch stärker unterschieden als im Leben.

Ein Streifzug durch die Kölner Prominenz auf Melaten

Das gilt für die Art der Beerdigung, das gilt aber vor allem auch für die Grabgestaltung selbst. Seinen Ruhm und seine ungebrochene Faszination verdankt Melaten aber gerade der Minderheit, die sich auf Melaten selbst ein bleibendes Zeichen setzen konnte. Hatten die Franzosen noch das Gleichheitsprinzip gemäß ihrer revolutionären Maximen auch auf dem Friedhof durchsetzen wollen, so wurde Grabgestaltung in den Jahren danach eine Demonstration des Wohlstandes und der gesellschaftlichen Stellung.

Während Zeugnisse von Armengräbern, die nach 15 Jahren weitergegeben wurden, heute kaum noch vorhanden sind, kann man auf

Kriegerdenkmal für die im napoleonischen Heer gefallenen Kölner.

Melaten Selbstverständnis und Selbstdarstellung besonders der großbürgerlichen Schicht Kölns im 19. Jahrhundert anhand ihrer Familiengräber studieren. Neben Industriellen, Richtern und Politikern findet man auch Gräber von Künstlern, Schauspielern, Karnevalisten, Militärs, Ordensleuten. So kann man vor allem entlang der Hauptwege und zentralen Punkte des Friedhofs Geschichte und Geschichten der Stadt aus fast zwei Jahrhunderten auf engstem Raum nacherleben.

Neben Grabanlagen dokumentieren auch Denkmäler auf Melaten Episoden der Stadtgeschichte. Im Jahre 1853, fast 40 Jahre nach

Ende der französischen Besatzung, errichtete die Kölner Bürgerschaft ein Denkmal „zum Andenken an die unter den Armeen Napoleons fern von ihrer Heimat gefallenen Krieger der Stadt Köln“, wie es in der Inschrift heißt. Das mit einem typischen Kürassierhelm der napoleonischen Armee gekrönte Denkmal (Littera D, Ecke HWG) scheint auch eine Referenz an die Napoleonische Ära, der die Kölner noch Jahrzehnte später mit sehr viel Sympathie gedachten, und ein kleiner Seitenhieb auf die Preußen zu sein.

Doch die Kölner lernten mit der Zeit, „Preußen“ zu sein. Das 1870 errichtete Kriegerdenkmal, das an den Sieg der Preußen über Österreich im Jahre 1866 und an die Erringung der Vorherrschaft in Deutschland erinnert, wurde an exponierter Stelle errichtet. Es befindet sich an der Kreuzung der beiden Hauptachsen. Die Euphorie der Reichsgründung findet ihren Ausdruck schließlich im Kriegerdenkmal von 1870/71, das von dem Bildhauer Anton Werres, dem Archi-

Grab Ludwig Stollwerck (1857–1922).

Links: Kriegerdenkmal von 1866 an der Kreuzung der beiden Hauptwege.

tekten Hermann Weyer und dem Steinmetz Jean Nothen stammt (HWG, zwischen Littera M und S). Aber auch der in Köln verstorbenen französischen Soldaten des Krieges 1870/71 wird mit einem Denkmal gedacht (Littera T, zwischen HWG und Littera O).

Zwei der Gräber von Industriellen, die für Köln eine besondere Rolle gespielt haben, sollen hier herausgegriffen werden. Da ist zum Beispiel die Grabanlage von Ludwig Stollwerck (1857–1922), Teilhaber der gleichnamigen Schokoladenfabrik (Flur 73 A). Die Geschich-

Der Obelisk auf dem Grab der Familie Deichmann.

Grab Franz Carl Guilleaume (1789–1837).

te des Unternehmens, das aus einer 1839 gegründeten Mürbebäckerei entstand und in der zweiten Hälfte des 19. Jahrhunderts auf Massenproduktion im Severinsviertel umstellte, ist recht typisch für die Industrialisierung der Stadt Köln. Die vom Kölner Architekten Carl Moritz entworfene neoklassizistische, über drei Meter hohe Gruftanlage hat einen recht komplizierten Grundriß. Durch ein Tor gelangt man in einen Hof, um den sich mehrere Räume und eine kleine Grabkapelle gruppieren. Von Zeit zu Zeit sollen sich dort Obdachlose Zugang verschaffen, um so ein ruhiges und einigermaßen trockenes, vor allem aber geräumiges Plätzchen zum Schlafen zu finden.

An der Millionenallee (zwischen Littera G und R) liegt das Grab von Franz Carl Guilleaume (1789–1837). Er war der Mitbegründer der Firma Felten & Guilleaume, die sich in Mülheim im letzten Viertel des 19. Jahrhunderts zum führenden Hersteller von Drahtseilen, Telefon- und Stromkabeln entwickelte. Auf seinem Grab steht ein Hochkreuz mit steinerner Brüstung, das von dem Kölner Architekten Vincenz Statz konzipiert sein soll, wobei dessen Urheberschaft aber nicht völlig zweifelsfrei ist.

Aus der Finanzwelt sei der Bankier Wilhelm Ludwig Deichmann (1798–1876) genannt, der das Bankhaus Schaafhausen leitete und Mitbegründer der Deutschen Bank war. Sein Grab an der Millionenallee (zwischen Littera P und HWG) wurde vom Kölner Architekt Hermann Otto Pflaume entworfen. In einer steinernen Einfriedung steht ein Obelisk aus Granit. An dessen Fuß befindet sich eine Tür, die zu einer Gruft führt. An diesem Grabmonument hat auch der Bildhauer Wilhelm Albermann mitgewirkt. Wegen der Länge der Grabanlage wird sie bei den Friedhofsbediensteten scherzhaft „Kegelbahn“ genannt.

Das neubarocke Grabmal des Kaufmanns Emil Oelbermann (1833–1897) an der Millionenallee gehört zu den aufwendigsten auf Melaten (Littera F, zwischen HWG und Littera H). Es wurde von Karl Janssen gestaltet und hat einen auf einem Stufenunterbau errichteten Sarkophag, über dem ein Engel ein kostbares Tuch ausbreitet. Eine historische Aufnahme des Grabmals belegt allerdings, daß die Flügel des Engels einmal den gesamten Sarkophag überspannten. Zerstörung und Verwitterung haben an diesem Grab, wie an vielen anderen auf Melaten auch, bereits tiefe Spuren hinterlassen.

Das Grabmal von Emil Oelbermann im Originalzustand (rechts) und heute (unten).

Der äußerst produktive Architekt und Kölner Diözesan-Baumeister Vincenz Statz (1819–1898), der einige Grabmäler auf Melaten entwarf, hat sein Grab ebenfalls an der „Millionenallee“ (zwischen Littera V und W) gefunden. Über seiner Gruft steht auf einem hohen spitzgiebeligen Sockel ein Kreuz.

Auch Peter Millowitsch, der bis Ende der 30er Jahre Direktor des berühmten Kölner Millowitsch-Theaters war und dieses dann seinem später noch bekannteren Sohn Willy vererbte, ist auf Melaten begraben (Flur 72 A).

Von den zahlreichen Kölner Oberbürgermeistern, die auf Melaten ihre letzte Ruhe fanden, soll hier Hermann Becker (1820–1885) erwähnt werden. Der Bildhauer Wilhelm Albermann gestaltete nach einem Entwurf von Hermann Otto Pflaume für das Grab Hermann Beckers (HWG, zwischen Littera M und T) eine herrliche bronzene Reliefdarstellung der Göttin Colonia. Die herausragende Leistung Beckers bestand darin, daß er die Niederlegung der Stadtmauer und die umfangreiche Stadterweiterung in den 80er Jahren des 19. Jahrhunderts durchgesetzt hatte. Damit lag der Friedhof Melaten nun doch auf Kölner Stadtgebiet.

Ende des 19. Jahrhunderts war Melaten trotz der zahlreichen Erweiterungen nicht mehr groß genug, um alle Toten der rasant expandierenden Großstadt aufnehmen zu können. So wurde im Norden Kölns in den Jahren 1891 bis 1896 der Nordfriedhof angelegt. Hier wurden zunächst die Verstorbenen aus den Pfarren St. Maria Himmelfahrt, St. Ursula, St. Kunibert und St. Andreas bestattet. Eine weitere Entlastung bedeutete der 1894/95 eröffnete Friedhof in Deutz. Mit Deutz und Poll hatte Köln im Jahre 1888 die ersten beiden rechtsrheinischen Orte eingemeindet. Unmittelbar neben Melaten erhielten die jüdischen Bürger der Domstadt eine eigene Begräbnisstätte, die 1899 ihrer Bestimmung übergeben wurde. Weitere Friedhöfe folgten zu Beginn des 20. Jahrhunderts: im Jahre 1901 der Südfriedhof, 1917 der Westfriedhof. Auf letzterem wurde auch der erste Urnenhain auf einem Kölner Friedhof angelegt. Das schon seit langem geforderte Krematorium errichtete man hier aber erst im Jahre 1937 – und das gegen den Widerstand großer Teile der katholischen Bevölkerung.

Hatte Köln zu Beginn des 19. Jahrhunderts nur eine Begräbnisstätte gehabt, die genutzt werden konnte, so waren es nach der Jahrhundertwende viele. Zu den neuangelegten Friedhöfen waren mit den Eingemeindungen weitere hinzugekommen. Der beliebteste aber blieb weiterhin Melaten, denn hier war begraben, wer in Köln Rang und Namen hatte. Auf dem ältesten, nicht mehr erweiterungsfähigen städtischen Friedhof „zu liegen“, wurde so bis in unsere Zeit zu einem Privileg. Nur der wohl wichtigste Bürger der Stadt fehlt in der langen Liste der Kölner Prominenz: Der langjährige Kölner Oberbürgermeister, Ehrenbürger und Bundeskanzler Konrad Adenauer hat sein Grab im Jahre 1967 in seinem letzten Wohnort in Rhöndorf bei Bonn gefunden.

Gräber
und Geschichten

Nicolaus August Otto

Ehrengrab für den Motorpionier

Flur 14, Ecke Hauptweg, Grab Nummer 223. Ein hervorstechender Platz am Rondell. Der Grabstein ist aus Muschelkalk, die Inschrift schwer zu entziffern.

Wer es nicht genau weiß, kann es nur ahnen: In diesem Grab, so vornehm gelegen, ruht ein Glorreicher. Der Pionier, den man einen „wahren Wohltäter der Welt“ nannte: Nicolaus August Otto. Ein kluger Kölner Kopf – Schöpfer des „Otto-Motors“, des berühmten Viertakters, dessen Rhythmus im ausgehenden 2. Jahrtausend die meisten Autos antreibt. Die Physik, unter Punkt 5 schwarz auf weiß verewigt in Millionen Fahrzeugscheinen: „Antriebsart Otto“. Die zündende Idee motorisierte die Welt. Die Quelle der Revolution lag am Rhein.

Otto lebt das Leben eines Tüftlers. Geboren 1832 in Holzhausen im Taunus, siedelt er 1853 nach Köln um. Seine Spuren führen quer durch die Stadt. Otto verkauft Kolonialwaren am Waidmarkt 33 und wohnt bei seinem Bruder Wilhelm in der Pfeilstraße 14. Im Karneval 1858 lernt er – in der Maske eines Ritters – seine Liebe, Anna Gossi, kennen, im „Kuhberg“, dem größten Tanzsaal der Stadt. Vier Jahre später, 1862, unternimmt er die ersten Werkstattversuche, zunächst in der Schildergasse 79, dann im Gereonswall 61. Der reine Autodidakt erntet 1864 erste nennenswerte Erfolge und gründet gemeinsam mit Kompagnon Eugen Langen, dem Ingenieur der Wuppertaler Schwebebahn, die Kommanditgesellschaft N. A. Otto & Cie. – die erste Motorenfabrik der Welt.

Sieben Jahre später gründet Otto eine neue Firma in Deutz, mit 300000 Talern Stammkapital: Die Gasmotoren-Fabrik Deutz, die Vorläuferin des heutigen Maschinenbauunternehmens Klöckner-Humboldt-Deutz AG. Otto zieht in eine Villa gleich an der Fabrik. Sein Nachbar ist Gottlieb Daimler, der technische Direktor. 1876

Nicolaus August Otto (14.6.1832 Holzhausen – 26.1.1891 Köln).

krönt der Erfinder, der seine Werkstatt „Murksbude“ nennt, seine Karriere. Der Groschen ist gefallen, das große Geld fließt: Otto präsentiert den bahnbrechenden Viertakter. Der 3-PS-Verbrennungsmotor geht in Serie. Ein Energiepaket, geschaffen für die Industrie. In Variationen ersetzt die Kraft, die aus dem Kolben kommt, das Pferd der Kutscher und entlastet strapazierte Handwerkermuskeln.

Die Tragik der Geschichte: Nicht Otto, sondern andere erkennen, daß der Kölner Motor aus Ansaug-, Kompressions-, Arbeits- und Auspufftakt vor allem die Zukunft des Automobils bedeutet. Ausgerechnet sein Weggefährte Daimler wird Ottos Vorgabe später zum

In dieses Ehrengrab wurden Ottos sterbliche Überreste im Jahre 1935 umgebettet.

Fahrzeugantrieb weiterentwickeln und den Mercedes bauen. Ein Brief, den Daimler noch zu Deutz-Zeiten seiner Frau schickt, verkündet Großes. Der Schwabe hat über eine Zeichnung der geplanten Deutzer Direktorenhäuser einen Stern gemalt und geschrieben: „Von hier aus wird ein Stern aufgehen, und ich will hoffen, daß er uns und unseren Kindern Segen bringen wird.“ Bei Deutz erkennt man viel zu spät die Zeichen der Zeit. 1907 wird Ettore Bugatti, der italienische Konstrukteur, als Chefingenieur angeheuert. Bugatti liefert eine Limousine ab: 65 PS, 4 Zylinder, 10 Liter Hubraum und 2 Tonnen schwer. Aber in der Herstellung ist das Fahrzeug viel zu teuer. Die Produktion wird eingestellt, Bugatti mit 20000 Mark Abfindung nach Hause geschickt. Er verläßt Köln und gründet eine eigene Fahrzeugschmiede – die Reichen und Schönen fahren bald seine Autos.

Otto lebte zu dieser Zeit längst nicht mehr. Zermürbt von Patent-Prozessen, getroffen vom frühen Tod dreier Kinder, geschwächt durch Krankheit, hatte sich sein Leben erschöpft. Er starb am 26. Januar 1891 in seinem Haus am Heumarkt an Herzlähmung.

Das Andenken an den Motor-Pionier blieb gewahrt. Als 1935 das Nutzungsrecht der Grabstätte ablief, wurden die Gebeine von Nicolaus und Anna Otto in das heutige Ehrengrab umgebettet. 1951 benannte der Kölner Oberbürgermeister Robert Görlinger den Vorplatz des Deutzer Bahnhofs nach Otto. Erinnerungstafeln wurden enthüllt an der Servasgasse, dem Standort einer seiner Werkstätten, und am Heumarkt, seinem Wohnort. Das KHD-Museum in Deutz erlaubt einen Blick mehr als ein Jahrhundert zurück auf den ersten Otto-Motor. Zu späten Ehren gelangte Otto in Amerika: 1981 nahm man den Kölner Maschinenbauer auf in die Ruhmeshalle im Patentamt der Vereinigten Staaten.

Jambga

Die Schwestern tanzten beim Begräbnis

Feld 17, zehnte Reihe, 18. Grab – ein Platz, der Schlagzeilen machte. Es hat sich im Grunde nicht viel verändert, Anlage und Größe des Feldes boten vor 100 Jahren ein ähnliches Bild. Nichts in Feld 17 erinnert an die „Rätselhafte Totenfeier“, das „ohrenzerreißende Heulen“, die „Sensation vor 30 Jahren“. So titelten die Journalisten 1928 ihren Rückblick auf eine außergewöhnliche Beerdigung.

Die Presse führte den Kölner Bürgern noch einmal vor Augen, welche Szenen sich im Herbst des Jahres 1898 rund um Melaten abgespielt hatten. Es war ein Ereignis, das nicht von dieser Welt schien.

Dieses Plakat aus dem Jahre 1894 kündigte den Auftritt von Jambga und ihren Schwestern an.

Was die Bevölkerung in ungläubiges Staunen versetzte, war das Begräbnis von Jambga, dem afrikanischen Mädchen, das auch „die Amazone" genannt wurde.

Sie war ein typisches Kind der Kolonialzeit, geboren an der Westküste des schwarzen Kontinents, in Dahomey, der heutigen Republik Benin. Weiße Sklavenhalter hatten sie und neun weitere Angehörige des Kriegerstammes nach Europa verschifft. Der Transport landete an deutschen Gestaden, endete schließlich am Rhein, im Köln der Kaiserzeit.

Das Publikum ergötzte sich an ihrer Exotik. In „Castans Panoptikum", einem Varieté auf der Hohe Straße, gab Jambga Vorstellungen. Wilde Schlangen soll sie gebändigt haben. Allein ihre dunkle, wilde Erscheinung war den Besuchern Spektakel genug. Dieser Knüller füllte die Kassen.

Niemand dachte daran, daß man dem Mädchen die Zukunft geraubt hatte. Das ungewohnte, kühle Klima war Gift für Jambga. Die Veranstalter wollten davon nichts wissen. Es kam, wie es kommen mußte: Eine Lungenentzündung raffte die erst 16jährige dahin. Sie starb im Kölner Bürgerhospital an der Cäcilienkirche.

Ohnmächtige Trauer erfüllte die Angehörigen. Es war ein Samstag: Nach der letzten Vorstellung baten sie darum, am Abend die Totenfeier begehen zu dürfen. Sie schlossen die „Weißen" von der Zeremonie aus, blieben lieber unter sich. In ihrem Schlafsaal begannen die Amazonen mit den Vorbereitungen.

Dem Zeitungsessay vom 1. November 1928 ist zu entnehmen: „Kein Weißer hat die seltsamen Zeremonien gesehen, gehört hat man aber viel. Unter wilden Trommelschlägen tanzten und marschierten die Kriegsweiber durch die Säle, wobei sie durch ohrenzerreißendes Schreien und Heulen in immer stärkere Ekstasen gerieten. Vorher hatte man sämtliche Fetische und Götzen in die Räume gebracht. Der Kriegstanz dauerte von 8 bis 10 Uhr. Danach sah man die Amazonen vollständig erschöpft auf ihren Betten liegen." Am Tag nach Allerseelen wurde Jambga beerdigt. Oberkriegerin Jumma schritt, begleitet von zwei Schwestern, in vollem Kriegsschmuck zur Totenkapelle des Bürgerhospitals. Jambgas Leichnam war würdig aufgebahrt. Ihre Augen waren geöffnet, der Blick nach oben gerichtet. Dann wurde Jambgas Sarg nach Melaten gebracht.

Ein Blick auf den Flur 17, wo das Mädchen Jambga im Jahre 1898 beerdigt wurde.

Menschenmassen säumten die Straßen, mehr aus Neugier denn aus Anteilnahme. Aus ihren Häusern strömten die Kölner nach draußen. Mühsam bahnte sich der Kutscher den Weg durch dic staunende Menge. Die Zeitung schreibt: „Hinter dem Sarge schritten die vom Schmerz erschütterten Amazonen, deren farbige Kriegstracht seltsam und andersweitig von dem grauen Herbsthintergrund abstach.“

Am Grab hielt Jumma eine ergreifende Trauerrede, die später auch übersetzt wurde: „Jambga, treue Kriegerin unseres mächtigsten Königs von Dahomey, teure Schwester, du bist von zu Hause ausgezogen gegen die Sonne. Fetisch, dein Gott, den du verehrt hast, hat dich hier sterben lassen in fremder Erde, aber deinen Geist hat er mitgenommen nach Afrika. Schlafe wohl, auf Wiedersehen, teure Schwester.“

Mit kriegerischen Ehren fuhr Jambga in die fremde, ungeliebte Erde. Gebeugt verließen die Amazonen den Friedhof. Voller Scheu wichen die Kölner vor den stolzen Frauen zurück.

Seinen Bericht schließt der unbekannte Zeitungsautor mit einer Botschaft an Volk und Gewissen: „Möge die Asche des Afrikamädchens Jambga sich mit der deutschen Menschenerde in Melaten mischen und so das große Menschenbündnis gegen Haß und Krieg versinnbildlichen.“

Jacob Koerfer

Ein Kölner baute in den Himmel

Millionenallee, Grab Nummer 85. Letzte Ruhestätte des Architekten Jacob Koerfer. Kantig wie sein Grabstein waren auch seine Bauten. Der Beweis, das wahre Denkmal, liegt nur wenige Kilometer Luftlinie entfernt. Jeder Kölner kennt es, von außen und von innen: das Hansa-Hochhaus.

Superlative füllen die Chronik des Gebäudes. Als Saturn-Chef Fritz Waffenschmidt das Haus im Jahre 1977 zum weltgrößten „Hifi-Tempel" machte, hatte es schon längst Architektur-Geschichte

Jacob Koerfer (14.9.1875 bis 26.11.1930).

Das Grab von Jacob Koerfer an der Millionenallee.

geschrieben. Mit keinem anderen seiner Werke hatte der am 14. September 1875 in Aachen geborene Jacob Servae Hubert Koerfer, Sohn eines Mechanikers, so viel Aufsehen erregt. Das Hansa-Hochhaus – Koerfers Geniestreich. Im Mai 1925 war das Wunder von Köln perfekt, der Gigant wurde eingeweiht.

Der Aufwand war damals immens. Eine uralte Festungsruine trotzte den Baggern. Mit Spitzhacke und Schaufel mußte die 4000 Quadratmeter große Baugrube zwischen Hansaring und Maybachstraße ausgehoben werden. Ein kapitaler Kraftakt: 15000 Kubikmeter Erde wurden bewegt – das sind 243 vollbeladene Güterwaggons. Die Baustelle faszinierte die Kölner Bevölkerung, wie ein Bericht im Kölner Tageblatt belegt: „Gigantisch wuchtet der Turm hervor; der größte Teil in Nacht gehüllt, aber hoch oben grell erleuchtet von vielen Laternen. Es sieht fast gespenstisch aus. Jetzt erkennt man auch die Menschen dort oben, winzige Lebewesen, die sich wie kleine schwarze Schatten bewegen… Langgezogen klingen die Rufe durch die Nacht, laut und wie von den Wolken kommend. Viele Menschen stehen und schauen schweigend empor.“

Nur 135 Tage hatten die 400 Arbeiter gebraucht, um das damals höchste Haus Europas zu errichten. Mit 66 Metern Höhe kitzelte der

Hansa-Turm die Wolken. Möglich geworden, weil Koerfer, bis zu seinem 30. Lebensjahr Mitarbeiter des Kölner Hochbauamtes, als Privatier das Wundermaterial amerikanischer Architekturpioniere übernommen hatte: Stahlbeton. Der Stoff, der Gipfelstürme ermöglichte.

Koerfers aus einzelnen Kuben zusammengesetztes Werk, so formulierten es zeitgenössische Architekturkritiker, „vermittelt einer bis dahin unbetonten Stelle einen eindringlichen Akzent". Drei Millionen Reichsmark waren der Preis für das städtebauliche Meisterwerk. Mit dem Kalkül, daß die Demokratie eine wachsende Bürokratie mit hohem Raumbedarf nach sich ziehen würde, war Koerfer, wie bereits 1921 mit dem Projekt Schwerthof am Neumarkt, das unternehmerische Risiko eingegangen. Der Bau war sein Eigentum, die Mieten sollten auf sein Konto fließen.

„Das Hochhaus", wie die Kölner es nannten, war nicht gerade eine Schönheit, gewährte aber einen neuen Blick auf die Stadt, sorgte für traumhafte Aussichten: „Der Hauptbahnhof wirkt wie ein Spielzeug unter dem Tannenbaum", stellten die Chronisten fest. Auch sonst sprengte der dunkle Klinkerbau gewohnte Dimensionen. Damit stellte sich die Aufgabe, 2000 Fenster zu putzen. Koerfers Höhenflug degradierte die längste Leiter der Kölner Feuerwehr (24 Meter) zum Steigbügel. Die 17 Stockwerke des Hauses zeigten in der Folge den städtischen Wasserexperten ihre Grenzen auf: Der ungenügende Druck ließ das Leitungswasser auf halber Strecke versiegen. Das Hochhaus forderte technische Höchstleistungen heraus. Die Ehrenfelder Aufzugfirma Hopmann konnte sich beweisen. Sie lieferte den passenden Pater-Noster, heute noch der zweitlängste Europas.

Die Kölner Kunst- und Geschäftswelt ergriff Besitz vom Bürohaus. Neben Hunderten von Büros und Ateliers sowie einem Autosalon im Erdgeschoß (Adler) gab Koerfer einem Café und – im Anbau an der Maybachstraße – einem 1500 Menschen fassenden Kinopalast Platz. Das Lichtspieltheater war ebenso ein Koerfer-Entwurf wie das im Krieg zerstörte und mittlerweile zum SAT-1-Late-Night-Studio umfunktionierte „Capitol" am Ring. Es galt als eines der Glanzlichter der deutschen Kino-Architektur.

Im Bombenhagel des Zweiten Weltkriegs blieb das Hansa-Hochhaus stehen, doch der Anbau wurde zur Ruine, das Kino nie wieder-

Das Hansa-Hochhaus kurz nach seiner Fertigstellung.

aufgebaut. Statt „Theater“ prangte vom Turm später das zum Kölner Wahrzeichen gewordene „Klosterfrau“. Dann – seit 1994 – „Saturn“.

Wer nach Koerfers Spuren sucht, findet im Schwerthof am Neumarkt ein weiteres prominentes Werk. Das Geschäftshaus in der Zeppelinstraße beherbergte einst ein beliebtes Kino. Die „Schwerthof-Lichtspiele“ waren in aller Munde, als dort am 19. Februar 1951 „Die

Sünderin“ mit der nackten Hildegard Knef Kino-Premiere feierte – und katholische Organisationen für Tumulte vor dem Saal sorgten.

Das Bankhaus der Westdeutschen Bodenkreditanstalt in Köln (am Habsburgerring), das Westfalenhaus in Dortmund, das Europahaus in Düsseldorf und schließlich das Grenzhaus in Aachen gehören ebenso zu Koerfers Schöpfungen.

Sein Meisterstück in Köln am Ring überlebte er nur fünf Jahre. Wenige Wochen vor seinem Tod hatte eine Falschmeldung, die seine Bonität anzweifelte, den Unternehmer tief getroffen. Der Tod kam unerwartet. Am 26. November 1930 verbreitete die Presse die Nachricht: „Am Mittwoch früh, kurz nach sechs Uhr, starb im Alter von 55 Jahren der bekannte Kölner Architekt Professor Koerfer an den Folgen einer plötzlichen Erkrankung der Gallenblase, nachdem eine Operation am vergangenen Donnerstag nicht den gewünschten Erfolg gebracht hatte.“

Auf Melaten verneigte sich die Fachwelt ein letztes Mal. Langsam ließen die Leichengräber den Sarg abwärts gleiten. Der Tod hatte Koerfer, den Himmelsstürmer, heimgeholt in Kölner Erde.

Albert Richter

Lehrstück über eine schwierige Rehabilitierung

Der Schlosser aus den Longericher Glanzstoffwerken verwandelte sich in einen Agenten mit geheimer Mission. Am Morgen des 10. Januar 1940 legte Hans Müller erst seine Kamera, eine „Kodak Retina", um den Hals, griff dann zum Auslöser und stieß das Ende des Drahtkabels durch das präparierte Loch im Futter in die Jackentasche hinein. Wie eine Stoppuhr im Verborgenen ließ sich der Druckknopf umfassen.

So würde es funktionieren. Eilig verließ er die Wohnung in der Vogelsanger Straße. Ein guter Freund war gestorben. Er durfte die Beerdigung auf keinen Fall versäumen.

Es stand in der Zeitung. „Selbstmord eines Verräters" hieß es in der Nazi-Presse, posthum wurde der Tote öffentlich gerichtet. Den Angehörigen des Verstorbenen hatte man striktes Schweigen auferlegt: Es war ihnen untersagt, in der am selben Tag in der „Kölnischen Zeitung" erschienenen Todesanzeige Zeitpunkt und Ort der Bestattung zu nennen. Sie taten es doch.

Mittwoch auf Melaten, Ehrenfelder Teil – zu erreichen über den Eingang Weinsbergstraße, Feld E 8. Hans Müller, der Mann mit der versteckten Kamera, wußte Bescheid. In der Hoffnung, kein Gestapo-Spitzel werde ihn ertappen, öffnete er seine Jacke und wendete seine kamerabestückte Brust zur Trauergemeinde. Sechsmal drückte Müller auf den Auslöser.

Die heimlich geschossenen Aufnahmen wurden zu Zeitzeugnissen und Belegen der eines Sportidols unwürdigen Beerdigung von Albert Richter – dem Kölner Radweltmeister. Aufbewahrt im Kölner

Melaten am 10. Januar 1940: Mit dieser heimlich geschossenen Aufnahme dokumentierte der Kölner Hans Müller die Beerdigung seines Freundes Albert Richter.

NS-Archiv, dokumentieren sie ein dunkles Kapitel deutscher Sportgeschichte. Richter war ein Mann des stillen Widerstands. Er hob den Arm nicht, wenn andere „Sieg Heil!" riefen, und stand zu seinem jüdischen Manager, als die „Arierparagraphen" schon lange beschlossen waren. Sein Name geriet auf die Todesliste der Nationalsozialisten. In Krolls Radsportlexikon (1993) ist unter „Richter, Albert" notiert: „Genannt 'Der Deutsche Achtzylinder' … verraten und als Devisenverbrecher von der Gestapo erschossen."

Erst 50 Jahre nach Richters Tod hatte die Spurensuche eingesetzt: Warum mußte ein Athlet, dessen Popularität die eines Max Schmeling erreicht hatte, mit 27 Jahren sterben?

Die 1989 im NDR ausgestrahlte TV-Dokumentation „Auf der Suche nach Albert Richter – Radrennfahrer" gab Antworten auf Fragen, die zuvor niemand zu stellen gewagt hatte. Raimund Weber und Tillmann Scholl, Reporter aus Hamburg, rekonstruierten den Polit-Mord an Richter. Ein düsterer Thriller, der sich auf einer Zugfahrt dem dramatischen Höhepunkt nähert. Als Albert Richter am 30. Dezember 1939 in Köln den Rheingold-Express in Richtung Schweiz besteigt, ist das Schicksal des seit sieben Jahren amtierenden Deutschen Rad-Sprintmeisters besiegelt. In sieben Stunden würde der Zug die Grenze erreicht haben. Richter, der Reisende, ist entschlossen. Kein Weg soll ihn mehr zurückführen in das Reich, dessen Truppen gerade Polen überrennen. Der Zug passiert Bahnhof für Bahnhof: Mainz, Mannheim, Karlsruhe.

Paris, Rom, Brüssel – Albert denkt an die Stationen seiner Karriere. Vor 40000 Franzosen beim Grand Prix, 1932 im Prinzenpark, war er sensationell Sieger im Fliegerwettkampf geworden, und im Villodrom hatte er vor 30000 Zuschauern den Italiener und Lokalmatador Mozzo in zwei Läufen geschlagen – er war Weltmeister der Amateure! Daheim im Veedel hatte man ihm, dem Arbeitersohn aus der Sömmeringstraße in Ehrenfeld, einen Triumphzug bereitet. Das

Im Siegestaumel der NS-Funktionäre vermeidet Albert Richter (14.10.1912 Köln – 2.1.1940 Lörrach) provokant den Hitler-Gruß.

Elternhaus war geschmückt, Blumen überall. All das zählte plötzlich nicht mehr. Die Nazis verziehen ihm nicht die Treue zu seinem Freund und Manager Ernst Berliner, einem Kölner Juden. Er führte die Geschäfte seit zwei Jahren aus dem Amsterdamer Asyl. Bald würden sie sich wiedersehen. Baden-Baden, dann Freiburg. Der Zug nähert sich dem erhofften Ziel.

Ernst Berliner hatte ein ungutes Gefühl gehabt und Richter gewarnt. Er glaubte, einen Verräter in seiner Nähe ausgemacht zu

Albert Richters Grab auf dem Ehrenfelder Teil von Melaten.

haben. Der falsche Freund – wußte er nicht von den 15000 Reichsmark im Gepäck, versteckt in den zusammengefalteten Fahrradschläuchen? Berliner hatte sich ernsthafte Sorgen gemacht. Er war zu Albert immer wie ein Vater gewesen.

Draußen ist es bereits dunkel. Um 18 Uhr ist es soweit. Der Rheingold-Express fährt im Grenzbahnhof Weil ein. Die Zollbeamten kommen direkt auf ihn zu. „Aussteigen!" rufen sie. Albert Richter steigt aus. Wortlos und mit gezieltem Griff ziehen die Männer die Schläuche aus seinem Gepäck.

48 Stunden später liegt Albert Richter tot in Zelle 202 des Amtsgerichtsgefängnisses Lörrach. „Selbstmord durch Erhängen" wurde ins Totenbuch der Stadt eingetragen. Das amtliche Mitteilungsorgan des Deutschen Radsportbundes mit SS-Standarten-Führer Viktor Brack an der Spitze verbreitete am Tag der Richter-Beerdigung folgende Zeilen:

„Albert Richter hat bei seiner letzten Reise in die Schweiz ein Verbrechen begangen, von dem der Deutsche Radsport nicht weit genug abrücken kann. Richter hat, um es mit dürren Worten zu sagen, für einen Kölner Juden zum wiederholten Male den Versuch unternommen, größere Markbeträge in die Schweiz zu verschieben. Er hat sich damit außerhalb der deutschen Volksgemeinschaft gestellt. Daraus hat er die einzig mögliche Konsequenz gezogen und den Freitod gesucht. Wir alle bedauern tief, daß er, der einmal einer der Unsrigen war, auf diese Art sein Vaterland, das jetzt in den schwersten Stunden sich durchzukämpfen hat, verriet. Sein Name ist für alle Zeiten in unseren Reihen gelöscht."

Das gerechte Ende eines Devisenschmugglers: So wollte es die Nazi-Inszenierung. Andere wußten es besser. Josef Richter – er holte den Leichnam seines Bruders aus Lörrach ab – sah die Würgemale an Alberts Hals und die Blutflecken an seiner Kleidung. Mit Briefen aus dem New Yorker Exil an einen deutschen Sportreporter und den Kölner Oberbürgermeister Burauen versuchte Ernst Berliner noch 1959 den Verrat öffentlich zu machen, wobei er auch Namen nannte. Peter Steffes, ein ehemals erfolgreicher Kölner Radprofi und Freund Alberts, war die Schlüsselfigur in diesem Verräterspiel. Der in den späten Dreißigern abgehalfterte Sprintstar und Richters lukrative Erfolge neidende Absteiger hatte sich der Gestapo als Zuträger angedient. Vor laufender Fernsehkamera entpuppt sich Steffes noch 1989 als finsterer Zeitgenosse: Er verhöhnt Richter als „naiv“ und beschimpft Berliner als „Judensau“. Von seiner Frau, einer einstigen Kölner Chansonette und Tänzerin, wird dem Greis assistiert: „das Dreckschwein“. Für die ganze Wahrheit ist es aber zu spät. Alle sind tot: Peter Steffes, Berliner, Burauen und Hans Müller, der Zeitzeuge von Melaten. Auch seine Kamera liegt unter der Erde. Der spätere Wehrmachtssoldat verbuddelte seine Kodak vor den anrückenden Alliierten unter einem Baum im Örtchen Elend/Sachsen-Anhalt.

Albert Richter lächelt. Es war der belgische Radweltmeister Jef Scherens (†1986), der das Porträt seines Freundes und einstigen Rivalen am Grabstein anbringen ließ. Eine Geste. „Wer dich gekannt, vergißt dich nie“ steht darunter. In Köln tat man sich schwer mit dem Willen zur Erinnerung, als 1991 der Bürgerantrag gestellt wurde, die neue Rennbahn in Müngersdorf nach Albert Richter zu benennen. Der Name sei zu schwierig, nicht einprägsam. Ein gängiger Ortsname müsse her, hieß es aus der Stadtverwaltung. Erst über den Beschwerdeausschuß ließ sich der Antrag durchsetzen. Mit Beschluß aus dem Jahr 1995 wurde weiterhin festgelegt, die Todesstätte in ein Ehrengrab zu verwandeln. Ein Mahnmal für die Nachwelt.

Wilhelm Marx

Der vergessene Reichskanzler

Politiker auf Melaten, tot oder lebendig, sind ein Kapitel für sich. Willy Brandt persönlich stand 1990 am Grab von Georg Meistermann. Der Maler hatte ihn zu Zeiten seiner Kanzlerschaft für die Galerie im Kanzleramt porträtiert – höchst eigenwillig übrigens, weshalb das Bild später ersetzt wurde. Staatssekretär Hans-Jürgen Wischnewski fuhr in den späten Siebzigern in einer gepanzerten Mercedes-Limousine mitten auf dem Friedhof vor, um Abschied von seiner Mutter zu nehmen. Der RAF-Terror veranlaßte die Leibwäch-

Wilhelm Marx (15.1.1863 Köln bis 5.8.1946 Bonn).

ter, schon Tage vor der Beerdigung Hecken und Büsche nach Bomben abzusuchen. 1988 besuchte Vigdis Finnbogadottir, Staatspräsidentin von Island, das Grab des Landsmanns und Dichters Jón Svensson, besser bekannt als „Nonni". Und schließlich Konrad Adenauer: 1946 erschien der künftige Kanzler auf dem von Bombenkratern übersäten Melaten. „Das Rheinland", sagte er am offenen Grab, „verdankt Reichskanzler Wilhelm Marx in schwerster Zeit alles."

Alles also – aber was? 50 Jahre nach Marx' Tod ist der einzige Reichskanzler, den Köln hervorgebracht hat, nur noch blaß in Erinnerung geblieben. Ein einziges Blatt Papier im Friedhofsbüro macht das deutlich. Im hausinternen „Who's Who" von Melaten ist neben Wilhelm Marx der biographische Vermerk zu lesen: „Sozialdemokrat, umgekommen im KZ." Die wahre Geschichte verlief etwas anders.

Marx, katholischer Zentrumspolitiker, starb in Bonn eines natürlichen Todes. Der Abiturient des Marzellengymnasiums hatte es zu Lebzeiten zum mächtigsten Mann Deutschlands gebracht. Er wurde Reichskanzler, bildete vier Kabinette und amtierte insgesamt länger als jeder andere Regierungschef in 14 turbulenten Jahren der Weimarer Republik.

Geboren wird er am 15. Januar 1863. Auf dem Hunnenrücken, einer Gasse in der Altstadt-Nord, gegenüber dem heutigen Sitz der Kölner Rundschau, wächst er auf. 1881 macht Marx – sein Vater ist Rektor an der Volksschule St. Ursula – das Abitur und absolviert im Anschluß daran das Studium der Rechtswissenschaften in Bonn. Einstieg in den Justizdienst, Aufstieg zum Landgerichtspräsidenten in Limburg an der Lahn, später ist er Senatspräsident des Kammergerichts Berlin.

Marx ist ein geselliger Mensch. Er tanzt gerne, unterhält seine Gäste auf dem Klavier. Marx ist religiös. Anstand und Moral schreibt der Katholik groß. Er ist Mitbegründer des „Männervereins zur Bekämpfung der öffentlichen Unsittlichkeit" und des „Verbands zum Kampf gegen den internationalen Mädchenhandel", korrekt vom Scheitel bis zur Sohle, ohne Fehl und Tadel. Die hohe Geistlichkeit läßt ihm eine große Ehre zuteil werden: Im Kölner Dom, vor drei Kardinälen und 50 Bischöfen und Äbten, hält der Christ zum Eucharistischen Weltkongreß 1909 eine Ansprache.

Schlicht und fast versteckt in der zweiten Reihe ruht der ehemalige Reichskanzler Wilhelm Marx.

In der Politik macht Marx seine zweite Karriere. Der Jurist, Mitglied des konservativen „Zentrums“, steigt auf vom Reichstagsmitglied (1910) zum Fraktionschef, Parteichef (1921) und nach zwei Jahren zum zweiten Mann im Staat: Er wird als Reichskanzler Nachfolger des gescheiterten Gustav Stresemann, des späteren Außenministers.

Die Folgen des verlorenen Ersten Weltkriegs lasten schwer auf dem Deutschen Reich. Der rote und der braune Terror, Reparationszahlungen an die Siegermächte und eine rasante Inflation treiben die junge Republik an den Rand des Ruins: 4,2 Billionen Papier-Mark sind exakt 1 US-Dollar wert. Marx aber gelingt mit der Einführung der „Rentenmark“ das erste deutsche Wirtschaftswunder. Der Kanzler-Coup stoppt die Geldentwertung und läutet die vielgerühmten „Goldenen Zwanziger“ ein. In den Städten blüht das Leben – wenigstens für ein paar Jahre.

Den Franzosen, die als Kriegssieger das Rheinland unter ihre Fittiche nehmen wollen, gibt Marx beharrlich Kontra – bis keiner mehr davon spricht. Als die Wahlen vom Dezember 1924 seiner bürgerlichen Koalition aus Zentrum, Deutscher Volkspartei, Demokraten und Bayerischer Volkspartei keine Mehrheit bringen, tritt Marx zurück. Nach einem Intermezzo als preußischer Ministerpräsident stellt sich der Kölner gegen Generalfeldmarschall von Hindenburg zur Wahl um die Nachfolge des verstorbenen Reichspräsidenten Friedrich Ebert. Er unterliegt knapp – und erst im zweiten Wahlgang.

Im Jahre 1926 wird Marx erneut Regierungschef. Deutschland tritt in den Völkerbund ein, nach jahrelanger Isolation der Schritt zurück in die demokratische Staatengemeinschaft. 1928 räumt Marx seinen Chefsessel für den Sozialdemokraten und Wahlsieger Hermann Müller und tritt vier Jahre später endgültig aus der Politik ab. Der Reichskanzler a.D. lebt zuletzt in Bonn, stirbt – zwei Wochen vor seiner Frau Johanna – im Alter von 83 Jahren.

Die Bescheidenheit, die Marx ein Leben lang auszeichnete, dokumentiert auch sein Grab. Fast versteckt liegt es in der zweiten Reihe, fern aller Eitelkeiten. Der Namenszug auf dem Grabstein hat seine Konturen verloren. Er ist kaum mehr zu entziffern.

Billy Jenkins

Salut für einen toten Cowboy

Die Leichenhalle schien Ort eines traurigen Kostümballs. Stolze Krieger und Squaws blickten aus traurigen Augen auf den dunklen Sarg. Das Harmonium spielte Lieder der Prärie. „A-Kai-Schaja" rief der „Große Häuptling" wie einst Sitting Bull, dann setzte der dumpfe Schlag der Trommeln ein – und der Trauerzug trat an zum Marsch über Melaten. Drei Schüsse peitschten kurz darauf über den

Billy Jenkins (26.6.1885 Magdeburg – 21.1.1954 Köln), Zirkusartist und „König der Cowboys", mit seinem Falken.

Friedhof. Colts rauchten im Morgenwind. Salut für einen toten Cowboy. Nie zuvor hatte es so etwas gegeben: Und wären die Fotos nicht, wer würde glauben, daß der Wilde Westen einstmals gleich hinter der Inneren Kanalstraße begann, mitten auf Melaten? Der 21. Januar 1954 war der denkwürdige Tag, an dem Indianer und Sheriffs ihren geliebten Helden in die ewigen Jagdgründe verabschiedeten: Billy Jenkins, den „König der Cowboys".

Die Jenkins-Biographie, zwischen 1934 und 1955 von Ghostwritern nachgezeichnet in millionenfach gedruckten Abenteuerromanen, hatte eine ganze Generation gefesselt. Jung und alt, Mitglieder von Westernclubs aus ganz Deutschland, waren nach Köln gekommen, um Abschied von Jenkins zu nehmen.

Bizarr wie die Beerdigung war auch das Leben des am 26. Juni 1885 in Magdeburg geborenen Erich Rudolf Otto Rosenthal. Alles Gewöhnliche am Mysterium Billy Jenkins – so der Künstlername – ist kurz gesagt: Er erlernte das Metzgerhandwerk. Der Rest ist ein

In Westernkluft schossen Jenkins-Verehrer Salut am Grab des toten Cowboys.

traumhaftes Schauspiel, das Bände füllt. Es ist die Wahrheit, schwören seine Fans, nichts als die Wahrheit…

Jenkins, ein verwegener Jüngling. Mit 15 schon ein Weltenbummler. Nach dem frühen Verlust der Eltern heuerte er in Bremen auf dem Postdampfer „Marie Woermann“ an und landete in Südafrika. Das Kap der Guten Hoffnung war sein erstes Eldorado. Er schürfte nach Gold, grub nach Diamanten, kämpfte im Burenkrieg. Eine Dschunke brachte ihn nach China. Jenkins wurde in den Boxer-Aufstand verwickelt und kehrte mit Feldmarschall Waldersees Truppen heim ins deutsche Kaiserreich. Amerika rief, das gelobte Land!

In den Prärien von Texas wurde der Rastlose zu dem, wofür man ihn später bewunderte: zum Cowboy und Westernheld. „Sein Colt saß locker, sein Lasso knüpfte manchen Räuber an den Baum“, verraten Dokumente im Bremer Jenkins-Archiv. Der rauhe Bursche lernte sein Handwerk perfekt, er war der Schrecken aller Viehdiebe.

In die Heimat zurückgekehrt, avancierte er zum Zirkusstar und gefeierten Artisten. Das Jahr 1936, Berlin im Zeichen der Olympischen Spiele. Gustav von Hahnke, Sekretär des Zirkus Sarrasani, überlieferte der Welt später wunderbare Anekdoten – wie diese: „Sarrasani hatte für die Artisten ein kameradschaftliches Beisammensein im Lindenrestaurant arrangiert. Um die Mittagszeit konzertierte die Sarrasani-Kapelle in der bekannten Berliner Gaststätte, die bis auf den letzten Platz gefüllt war. Da, plötzlich, mitten im größten Verkehrsgewühl, Pferdegetrappel auf dem Asphalt. Billy Jenkins galoppierte heran, hastete über den Bürgersteig und sprengte hoch zu Roß in das vollbesetzte Lokal, ritt bis an die Theke, jagte einige Schüsse aus dem Colt, schoß eine Lampe in Trümmer, ließ sich eine Berliner Weiße in den Sattel reichen, gab dem Pferd die Sporen und ritt zwischen den besetzten Tischen wieder dem Ausgang zu. Auf dem glatten Parkett kam das Pferd ins Rutschen, stieß einen Tisch um, Suppe und Braten ergossen sich über die Gewänder einiger völlig unbeteiligter Gäste, zwei alte Damen fielen in Ohnmacht, und ehe der nächste Schupo auf die Schreckensschreie hin herbeigeeilt war, verschwand Billy Jenkins schon wieder von der Bildfläche. Man erzählte sich, daß er ein ganzes Zimmer in seiner Behausung in Konradshöhe bei Tegel völlig mit Strafmandaten austapeziert haben soll.“

Der Einwand der Zweifler und Skeptiker, die Berichte über Jenkins könnten doch nicht alle wahr sein, verlor mit jedem Augenzeugen an Gewicht. Das Publikum erlebte in der Manege einen Artisten, der seinem Gegenüber mit der Bullpeitsche Zigaretten aus dem Mund schlug. „Zugabe, Zugabe", rief das Publikum, und es wurde nicht enttäuscht. Der Kunstschütze traf wirklich jeden Reißverschluß: Erst links, dann rechts – und den Damen fielen die Hüllen von den Hüften. Mr. Tausendsassa: Es schien, als würde sein Stern ewig strahlen. Doch im Jahre 1940 wendete sich das Blatt.

Auf einer Zugfahrt von Litzmannstadt nach Waldenburg in Schlesien geriet ein Pferdewaggon in Flammen. Beim Versuch, die Tiere zu retten, erlitt Jenkins schwere Verbrennungen. Die Ärzte im Krankenhaus Pabianice konnten nicht verhindern, daß er für immer gezeichnet blieb. Ein Stahlkorsett hielt seine von Operationen zerschnittene Brust zusammen. Als er sich – für seine letzten Jahre – in Köln niederließ, konnte Jenkins kaum noch alleine gehen.

„Zu Billy kamen ganze Schulklassen, wegen Autogrammen", erinnert sich der Kölner Josef Hafeneger an die Zeit in Nippes. Jenkins lebte in zwei ausrangierten Zirkuswagen auf dem Grundstück von Hafenegers Eltern, Ecke Niehler Straße/Beuelsweg. Zuletzt wohnte der müde gewordene Cowboy mit seiner Lebensgefährtin Frieda Schönmann in der Eifelstraße, Nähe Barbarossaplatz. Mit 69 Jahren nahm Billy Jenkins endgültig Abschied von der Weltbühne.

Jahre später brachte ein Zufall weitere, rätselhafte Dinge ans Licht. Beim Umbau seiner Wohnung stieß der neue Mieter in der Eifelstraße auf Jenkins' in der Wand eingemauertes Vermächtnis: Briefe und Dokumente, vergilbte Papiere, aus denen man nur schwer klug wird. Eine amerikanische Steuererklärung von 1937 ist dabei, auf den Namen der Eheleute Isidor und Esther Schachter, wohnhaft 4700 Broadway, New York. Ebenso ein Schreiben der „Trade Bank of New York" von 1938 – adressiert an den amerikanischen Konsul in Berlin. Und ein in Hamburg abgestempelter Brief an Jenkins aus dem Jahre 1953: „Nun, lieber Billy, hattest Du mir einen Wunsch geschrieben, den ich Dir beim besten Willen nicht erfüllen kann. Mein Zigarrenhändler, wo ich Deine Weihnachtszigarren geholt habe, hat diese nicht mehr." Der Name des Verfassers fehlt.

Was immer das auch alles zu bedeuten hat – Billy Jenkins hat die Geheimnisse mit in sein Grab genommen. Seine Ruhestätte auf Melaten in Flur 55 erinnert an einen rätselhaften Cowboy.

Flur 55, an Littera D: das Grab von Billy Jenkins.

Paul Uhlenbruck

Dienstreise an das Sterbebett von Evita Perón

Der grobe Stein auf seinem Grab stammt aus der Eifel, dem Fleckchen Erde, wo der Arzt zu Lebzeiten auf die Pirsch ging. Die Jagd war seine Leidenschaft, die Medizin sein Beruf: Professor Dr. Paul Uhlenbruck.

Eine schillernde, facettenreiche Aura umweht das Leben des Kölner Mediziners. Der Atem erlebter Geschichte dringt beim Blättern in seiner Biographie aus jedem aufgeschlagenen Kapitel. Die

Paul Uhlenbruck (21.5.1897 Oberhausen – 18.10.1969 Köln).

Uhlenbruck-Story: der wirklich wahre Arztroman. – Er hätte auch das Zeug zum Bestseller.

Die Anfänge sind schnell erzählt. Uhlenbruck, stämmiger, blauäugiger Sproß einer Oberhausener Akademikerfamilie, wird nach Beendigung des Studiums in München und Tübingen in Köln Doktor der Medizin. Nach Assistenzjahren in Würzburg und Berlin Rückkehr zur Stadt seiner Promotion. Aufstieg vom Oberarzt im Augusta-Hospital in der Südstadt zum Chefarzt der Inneren Abteilung in Hohenlind; später in derselben Funktion Wechsel in die St. Vincenz-Klinik, Eintrachtstraße. Der Beginn des Zweiten Weltkriegs schlägt die erste Kerbe in die Karriereleiter des Mediziners: Der Herz-Kreislauf-Spezialist Uhlenbruck wird Militärarzt an der deutschen Front.

Die Wehrmacht hatte ihn zum beratenden Internisten im Stab von Generalfeldmarschall Albert Kesselring berufen. Neben Kesselring, dem militärischen Kopf der im Mittelmeerraum operierenden Heeresgruppe, macht der Oberstarzt Bekanntschaft mit einem zweiten berühmt-berüchtigten Generalfeldmarschall: Erwin Rommel. Der „Wüstenfuchs“ pflegt die Zeit zwischen zwei militärischen Operationen unter anderem mit Jagdausflügen zu füllen und befiehlt Uhlenbruck zu seinem Pirsch-Partner: Nach bestätigten Informationen schießen sie in der libyschen Wüste gemeinsam eine Gazelle.

Mit der Jagdtrophäe im Gepäck kehrt Uhlenbruck 1944 unversehrt vom Kriegsdienst nach Köln-Hohenlind zurück. Er war rechtzeitig zur Stelle, um einem alten Freund der Familie zu helfen: Konrad Adenauer. Mit einem gefälschten Attest über lebensbedrohliche Herzbeschwerden rettete Uhlenbruck den von den Nazis verfolgten Ex-Oberbürgermeister vor dem Abtransport in ein Konzentrationslager. Derselbe Adenauer war es, der sich nach Kriegsende mit den Worten „Ich habe noch Großes vor“ von Uhlenbruck seine körperliche Politik-Tauglichkeit bescheinigen ließ – um dann Bundeskanzler zu werden. „Das EKG“, erzählt Uhlenbrucks Sohn Gerd, „ist noch immer in den Unterlagen.“

Die Uhlenbruck-Villa in Köln-Lindenthal beherbergt einen noch größeren Schatz: 15 von einer rostigen Klammer zusammengehaltene Seiten – Uhlenbrucks Tagebuch einer phantastischen Reise. Von Frankfurt über Zürich, Lissabon, Dakar, Recife, Rio und Montevideo nach Buenos Aires. Ruth Uhlenbruck erinnert sich noch genau an den Tag im Juli 1952, als ihr Mann plötzlich in der Küche stand und alles ganz schnell gehen sollte: „Ich muß nach Argentinien. In zwei Stunden müssen die Koffer gepackt sein." Uhlenbruck – im Dienste einer Majestät. Man hatte den Kölner Professor an das Sterbebett einer „Königin" gerufen, zur Gattin des argentinischen Staatspräsidenten. Einer Frau, die schon zu Lebzeiten eine Legende war: Evita Perón.

Uhlenbrucks akribisch geführtes Tagebuch gerät phasenweise unfreiwillig komisch, zum Teil befremdend – vor allem aber werfen seine unbefangenen Eindrücke ein schmerzhaft helles Licht auf das menschliche Leid einer außergewöhnlichen Patientin. Auszüge:

„Erste Landung Zürich. Der Flughafen besteht aus Holzbaracken. Kalt, unfreundlich und mehr als primitiv. Morgens gegen 7 Uhr Ankunft in Lissabon. Weiterflug nach Dakar, zeitweise an der Westküste von Afrika entlang, zeitweise über die Sahara; eintönige, gelbe Wüstenlandschaft. Nachmittags gegen 15 Uhr in Dakar. Sehr heiß. Primitive Dorflandschaft. Von einem Hügel sieht man einen hohen Turm, vielleicht ein Tempel, vielleicht ein Leuchtturm. Bedienung durch Neger, die weite, schwarze Pumphosen tragen und ein weißes Jackett und sehr tief schwarz sind. Bei einem Neger, dessen pechschwarze Beine sehr intensiv glänzten, entdecke ich erst nach längerer Zeit, daß er schwarze, gewichste Ledergamaschen trägt.

Nachmittags Abflug nach Pernambuco, jetzt Recife genannt. Auf den Leuchtschildern der Maschine der SAS erscheinen jedesmal die Worte 'fasten seat belt'. Die Stewardessen achten eisern auf die Befolgung dieses Gebots. Im übrigen versorgen sie einen abwechselnd mit Orangensaft, Bananen, Apfelsinen, Pralinen, Kaugummi, Manhattan und Dry Martini. Ich bat um Dry Martini, bekam aber leider nur einen.

Nach achtstündigem Flug schweben wir in Recive ein. Die Stadt ist hell erleuchtet, die Sicht absolut klar. Nach 1 Stunde Weiterflug nach Rio de Janeiro, wo wir nach Mitternacht einschweben. Nach der üblichen Aufenthaltsstunde Weiterflug 4 Stunden nach Montevideo. Es ist ungemütlich kalt, man friert morgens um vier Uhr recht erheblich und wird in einem Autobus zu einem Restaurant bzw. zu einer Bar gefahren. In der Bar herrscht ein Stimmengewirr, das nicht näher zu identifizieren ist. Ich glaube nicht, daß irgendeine Sprache dieser

Welt in diesem Stimmenkonzert gefehlt hat. Im übrigen stark atonale Musik. Mit uns fliegt eine deutsche Kommission mit einem Leiter und drei Assistenten, Marschrichtung Santiago. Wir stellen uns vor. Unseren Auftrag kennt man längst, zumal in Rio 6 oder 7 Reporter warteten mit gezückten Photoapparaten und uns beim Verlassen des Flugzeuges von mehreren Seiten unter Beschuß nahmen. In der Bar in Rio das gleiche. Morgens gegen 9 Uhr Abflug von Montevideo. Gegen 10 Uhr Ankunft in Buenos Aires.

Wir wurden von Dr. Giraldes, einem Legations-Sekretär, und von Prof. Stapler, einem geborenen Österreicher, abgeholt. Etwa 4 km Autostraße bis zum Hotel Alvear. Am anderen Morgen Röntgenuntersuchung von Exzellenz S., EKG, chem. Untersuchungen, Leberfunktionsprüfungen. Der Röntgenologe ist Kollege M. Abgesehen von zahlreichen Bildern der Berliner Chirurgischen Klinik finden sich an der Wand Bilder von Hohlfelder und anderen bekannten Röntgenologen. Die Apparate sind deutsche Siemens-Geräte.

Mittagessen in der deutschen Kolonie.

Nachmittags werden wir gebeten, Frau Präsidentin Perón zu untersuchen, 'da sie von unserem Besuch gehört habe'.

Zu dem Konsilium sind etwa 10 argentinische Ärzte versammelt. Die Anamnese (Krankheitsgeschichte) wird uns vorgetragen: Operation Oktober 1951 wegen eines Portio-Carzinoms (Gebärmutterkrebs). Es sind bereits ausgedehnte Metastasierungen im Parametrium (Unterbauch) rechts und links vorhanden, wahrscheinlich auch in der Leber. Das Flüstergespräch der Kollegen lautet, daß die Erkrankung viel länger bestehe und daß Frau Perón sich nicht habe untersuchen lassen, und daß man ihr angeblich schon vor zwei Jahren Bluttransfusionen wegen einer Anämie gemacht habe.

Der Befund des Endstadiums eines metastasierenden Portio-Ca. ist bei der 37jährigen Patientin völlig eindeutig.

Die Untersuchung wird mehr formal durchgeführt. Nach französischem Muster wird ein Tuch über die Brust gelegt und über den Rücken. Das Herz zeigt 120 Puls. Der Puls ist kaum noch tastbar.

Frau Perón ist bei dieser Untersuchung völlig klar und gefaßt und macht sehr präzise Angaben. Angeblich hat sie 0,4 mg Morphium bekommen. Die Pupillen sind aber weit, so daß das unwahr-

Der Grabstein von Professor Paul Uhlenbruck, am HWG, zwischen Littera L und M.

scheinlich ist. Wir erklären Frau Perón, daß es sich um einen bronchopneumonischen Prozeß (schwere Lungenentzündung) handelt, daß die Schmerzen in der rechten Seite Neuralgien seien, daß vielleicht eine eitrige Einschmelzung vorliege, und daß aus diesem Grunde Geduld nötig sei, daß im übrigen aber die Aussichten auf eine Heilung gut seien.

Frau Perón hat später ihrem Gatten gesagt, daß man ihr zwar viel Gutes und Tröstliches gesagt habe. Es sei ihr aber dabei aufgefallen, daß die Augen der deutschen Ärzte so traurig gewesen seien und nicht so, als wenn man einem Kranken noch ein langes Leben zutraue.

Nach der Konsultation, die im Präsidenten-Palais in der Stadt stattfand, Besprechung mit Präsident Perón. Es blieb nichts anderes übrig als zu bestätigen, daß es sich hier um ein fortschreitendes, metastasierendes Carcinom mit Lungen- und Leber-Metastasen im Endstadium handele, und daß die Prognose hoffnungslos sei.

Präsident Perón erwiderte, daß er das gewußt habe und nur noch die letzte Bestätigung erwartete. Bei Frau Perón wurde ausdrücklich betont, daß alle erforderlichen Schritte geschehen seien und daß sie bei der Behandlung ihrer Ärzte stets in besten Händen gewesen sei. Frau Perón nahm das zur Kenntnis. Sie bedankte sich bei jedem Einzelnen, bei dem Gynäkologen, bei dem Röntgenologen, bei dem Kardiologen, bei dem Hausarzt für all das, was er ihr Gutes getan hätte, und bedankte sich auch bei uns. Frau Perón war völlig klar, und dieses Konsilium glich mehr einem diplomatischen Empfang von

Der argentinische Staatspräsident Juan Domingo Perón mit seiner Frau Evita.

Ärzten, denen sie als Regentin ihren Dank aussprechen wollte. Es schien mir, daß sie die Dinge, die unweigerlich kommen mußten, durchaus klar voraussah. Sie bewahrte die Haltung der Regentin, bedankte sich und verabschiedete uns.

24 Stunden später war sie verstorben.“

Ein Volk trug Trauer. „Evita“ wurde posthum zur tragischen Musical-Heldin. „Dont cry for me, Argentina“ – die Hymne, die die Welt noch einmal zu Tränen rührte.

Uhlenbruck selbst lebte noch 17 Jahre. Er starb im Alter von 72 Jahren. Gerd Uhlenbruck: „Ich vermute, daß sich mein Vater bei einem Patienten mit Hepatitis B infizierte. Er verschleppte es, und die Leber entzündete sich. Dazu hat er als Kölner kräftig gegessen und getrunken. Seine Erinnerungen hat er jedem seiner Kinder als Buch vermacht. Wenn ich es lese, dann höre ich seine Stimme. Dann wird er wieder lebendig.“

Horst Muys

Er war doch der Größte!

Der Leserbrief aus dem Örtchen Erbshausen appellierte an das Gewissen und war viel zu schade für die Ablage. So erschien im März 1976 in einer Kölner Gazette der unverlangt eingesandte Melaten-Erlebnisbericht der Frau Hildegard Jansson – einer, wie sie einleitend wissen ließ, „gebürtigen Kölnerin mit viel Heimweh“, deren letzter Friedhofsbesuch in tiefer Enttäuschung geendet hatte.

Horst Muys (13.7.1925 Mülheim/Ruhr – 20.7.1970 Köln).

„Am Karnevalssonntag“, schrieb sie, „besuchte ich meine verstorbenen Verwandten und führte bei der Gelegenheit meine aus Bayern mitgebrachten Freunde an das Grab von Horst Muys. Auf dem Grab standen nicht nur keine Blumen, sondern dort stand noch der vergammelte Christbaum vom letzten Jahr. Ich habe mich nicht nur darüber entrüstet, sondern mich so richtig für meine Vaterstadt geschämt. Sollte es wirklich sein, daß ganz Köln ihn vergessen hat…?“

Nein, nie im Leben. Alle außer jenen, die sich an einem Muys-Gag möglicherweise totgelacht haben, werden sich an den großen Karnevalisten erinnern. 1925 in Mülheim geboren, in Duisburg aufgewachsen und in Berlin von Gustav Gründgens zum Schauspieler geschult, setzte sich der Junge aus dem Ruhrpott in seiner Wahlheimat Köln ein Denkmal. Der Abschied von Horst Muys 1970 war nach der Beerdigung von Daddy Blatzheim und Willi Ostermann das größte Gesellschaftsereignis, das Melaten je erlebte. Sein plötzlicher, früher Tod im Alter von 45 Jahren hatte einem phänomenalen Auftritt einen Abgang mit tragischer Pointe aufgesetzt. Das jähe Ende machte Muys, der das Publikum aus der Bütt mit unsittlicher Komik messerscharf in Freund und Feind gespalten hatte, zu einer alle Gegensätze überstrahlenden Legende, zu einem schützenswerten Kölner Kulturgut. Sie vereint all die alten Muys-Episoden, die von Abscheu und Verehrung, leichten Mädchen und schweren Jungs, Affären, Skandalen und vor allem überwältigenden Witzen handeln, zu einer unwiderstehlich aufregenden Wundertüte.

So begaben sich Dinge wie diese, im Jahre 1957 im Friesenviertel: Jayne Mansfield, das Busenwunder aus Hollywood, war Gast in den Sartorysälen – und Horst Muys griff nach einigen fehlgeschlagenen Annäherungsversuchen zu seiner bewährten „Schock-Therapie“. Er legte vor der Blondine ein Glasauge auf die Theke und sprach zum Auge: „Lor ens, wer all do is!“ Die Mansfield verstand zwar kein Wort, fand's aber dennoch lustig und kippte mit Muys den Rest des Abends ein Kirschwasser nach dem anderen. Zum Zeitpunkt dieser Begegnung hatte sich Muys als zotenreißender Bassist im Eilemann-Trio schon längst einen guten Ruf in Kölner Karnevalsgesellschaften erworben. Vom Fastelovend war er schon sehr früh nicht mehr wegzudenken.

Muys war der Garant für Stimmung und hatte die Kölner Gemüter über ein Jahrzehnt lang fest im Griff. Fasziniert verfolgte das vergnügungssüchtige Bürgertum, wie der sorglose Lebemann seine hautnahen Milieu-Erfahrungen, als Witz verpackt, zum Besten gab. So reimte er einen nicht jugendfreien Vers auf die bekannteste Bordell-Meile der Stadt – die „Leihkörper-Avenue".

Zoten in deutlicher Art waren nicht jedermanns Sache. Doch die Karnevals-Zensoren ließen Muys angesichts vor Lachen berstender Sitzungssäle gewähren – zunächst einmal. Schwierigkeiten hatte Muys schon genug. Wegen Spielschulden, Schlägereien und Trunkenheit am Steuer machte das Temparamentsbündel regelmäßig Bekanntschaft mit der Justiz. Der Ernst der Sache verpuffte meist sehr schnell. Saß der kleine Mann mit der dunklen Hornbrille auf der dicken Nase erst einmal auf der Anklagebank, registrierten die Gerichtsreporter allgemeine Heiterkeit im Saal. So am Tag, als eine Prügelei zwischen Muys und mehreren Polizisten zur Urteilsfindung stand. Muys zum Tathergang: „Die Polizei hat meine Witze eben falsch verstanden." Dann folgte Muys' entschuldigender Nachtrag, daß er durch Provokation schon immer leicht die Besinnung verloren habe, so daß er dann bereit sei, mit einer Zahnbürste auf einen Panzer loszugehen. Und überhaupt: 82 (!) Prozent der Kölner Polizei seien doch seine Freunde. Der Richter sprach Muys wegen Mangel an Beweisen frei.

Kam er mal nicht davon, zimmerte Muys noch in der Zelle an Gags für bessere Tage. Als Kölns marode Haftanstalt, der „Klingelpütz", abgerissen wurde, hatte Muys prompt was Neues parat – ein entzückendes Wortspiel. Frage ans Publikum: „Wißt ihr, warum se jetzt den Klingelpütz abgerissen haben? Nein? – Da waren zuviel Müüs ('Mäuse') drin!"

Mitten in die Erfolgsstory platzte 1968 eine sexistische Büttenrede, die Oberbürgermeister Theo Burauen veranlaßte, sich empört vom Sitz zu erheben und den Saal demonstrativ zu verlassen. Muys, der liebe „Gangster aus der Bütt", hatte die Grenzen des guten Geschmacks überschritten. Das Festkomitee des Kölner Karnevals mit Präsident Ferdi Leisten an der Spitze sekundierte dem Stadtoberhaupt, senkte nachträglich den Daumen und belegte Muys mit einem Auftrittsverbot. Der Skandal war perfekt, erst recht, als der damalige

In Flur 24, an der Ecke von Littera L und Q, liegt das Grab von Horst Muys.

Landtagspräsident John van Nes Ziegler aus der Anti-Muys-Front ausscherte und das „Enfant terrible" Weiberfastnacht zur Unterhaltung Düsseldorfer Parlamentarier engagierte. Vom Genossen brüskiert, verzettelten sich die führenden Kölner Sozialdemokraten in einem für die Öffentlichkeit amüsanten Hauskrach. Lachender Dritter war Muys: 1969 wurde er begnadigt.

Das publicityträchtige Hick-Hack um seine Person ließ sich für Muys locker wegstecken, gehörte vielleicht auch zum Kalkül. Sein Stern leuchtete heller als je zuvor: Auftritte in Funk, Film und Fernsehen, Interpret von unvergeßlichen Gassenhauern ("Ene Besuch em Zoo", „Ich ben ene kölsche Jung, wat wellste maache"), Bühnenstar im „Senftöpfchen" (gemeinsam mit Entertainer Wolfgang Reich). Niemand hatte die dann am 20. Juli 1970 folgende Hiobsbotschaft für möglich gehalten: Muys war tot – Magendurchbruch.

Menschenmassen drängten drei Tage später zur Beerdigung nach Melaten, über Lautsprecher wurde die Trauerrede ins Freie übertragen. Neben Fans, Freunden (darunter Lotti Krekel, Gerhard Jussenhoven) und honorigen Vertretern der Stadt, auch in Stresemann und Zylinder, hatten sich zu Muys' Abschied ihm freundschaftlich verbundene Zuhälter und Liebesdamen in knallengen Minis eingefunden. Die 7000 Trauergäste hinterließen ein wogendes Blumenmeer, die Blaskapelle spielte den „Besuch em Zoo". Thomas Liessem, der Brauchtumsvater des Karnevals, hielt eine Grabrede für „unseren lieven Jung" und brach damit die Anweisung des den Muys-Knatsch nachtragenden Ferdi Leisten. Der Festkomitee-Präsident hatte Liessem beordert, den Mund zu halten und als Repräsentant des Festkomitees lediglich hinter dem Sarg herzugehen. Liessem sprach wirklich von Herzen, die Rede rührte alle zu Tränen, und ein leises „Alaaf" war schließlich zu hören.

Noch ein Vierteljahrhundert später ist Muys das Maß aller Dinge. „Niemand vor und niemand nach ihm konnte Muys das Wasser reichen", zieht Heinz Thiebes, Ex-Festkomitee-Mitglied und Ehrenpräsident der Kölner Karnevalsgesellschaft „Schnüsse Tring", Bilanz. Der Titel einer der posthum aufgelegten Muys-Schallplatten sagt es: „Er war doch der Größte".

Wolfgang Anheisser

Todessturz auf der Bühne

Das Leben hing buchstäblich an einem Karabinerhaken. Es war der Stoff, aus dem die Tragödien sind. Der Grabstein auf Melaten erinnert an das Unfaßbare. Der Betrachter erkennt eine verstümmelte Stimmgabel aus italienischem Travertin-Marmor – sie ist links ein Stück kürzer als rechts, der Versuch, das abrupte Ende eines Künstlerlebens in steinerne Symbolik zu fassen.

Zwei Jahrzehnte ist es her. „Bravo!" rief stürmisch die Musikwelt, ein neuer Stern leuchtete am Opernhimmel: Wolfgang Anheisser. Ob Mailand, Tokio oder New York: Der Bariton machte sich einen großen Namen, stand an der Schwelle zu internationalem Ruhm.

Theaterkritiker des amerikanischen *Houston Chronicle* erkannten seine „vollendete Musikalität". Die *Neue Zeit* (Ost-Berlin) sah in der Rolle des Figaro „beinahe eine Sensation". Engagements in Händels *Xerxes* (Genf), im *Barbier von Sevilla* in Lausanne und in *La Bohème* in Tokio waren fest gebucht. Die Kölner waren stolz auf ihren berühmten Sohn.

Doch das Schicksal kannte keine Namen, es nahm keine Rücksicht und schlug unerbittlich zu – am Neujahrsabend 1974: Das Kölner Opernhaus war ausverkauft, eine Operette stand auf dem Programm. 1200 Menschen waren gekommen, um den *Bettelstudent* zu sehen – an diesem Mittwoch die Rolle von Wolfgang Anheisser.

Gleich zu Beginn hat der Bariton einen waghalsigen Auftritt. Der Bettelstudent muß von einer Balkonbrüstung zu Boden schweben. Mit einem Seil, einer Kettenattrappe. Anheisser springt ab – und plötzlich verwandelt sich der erste Akt in ein grausames Schauspiel.

Wolfgang Anheisser (1.12.1929 Köln – 5.1.1974 Köln).

Augenzeugen berichten, wie der 44jährige Opernstar „flach wie ein Brett“ aus vier Metern Höhe auf die Bühne stürzt. Anheisser bleibt regungslos liegen. Das Seil war nicht befestigt...

Es vergehen drei dramatische Tage zwischen Leben und Tod. Der Sturz hat Anheissers vollgepumpte Lungen platzen lassen. Die Lungenlappen werden entfernt, Beatmungsgeräte angeschlossen. Der Kampf der Ärzte geht verloren: Anheisser stirbt am 5. Januar, Samstagmorgen um 6.45 Uhr, an Lungenembolie. Niemand kann es fassen, was die Zeitungen nach und nach enthüllen und die Untersuchungen der Staatsanwälte ans Tageslicht bringen. Es ist alles viel zu schlimm, um wahr zu sein: Ein Bühnenarbeiter hatte vergessen, das Seil mit einem Karabinerhaken an einem Gegengewichtszug zu verankern. Er, ein weiterer Kollege und der Direktor der Städtischen Bühnen werden wegen fahrlässiger Tötung zu Geldstrafen verurteilt.

Zeugenaussagen eröffnen das Ausmaß der Anheisser-Tragödie. Drei Monate vor seinem Tod hatte der Bariton – nach vielen riskanten Rollen nachdenklich geworden – die Stadt per Einschreiben um eine Risikoversicherung gebeten. Die ebenfalls schriftliche Absage erhielt Anheisser kurz vor dem Unglück: Eine Versicherung sei „seine eigene Angelegenheit". Und schließlich: Anheissers Neujahrsauftritt war ursprünglich nicht geplant, sondern ein reiner Freundschaftdienst. Die Oper hatte ihn telefonisch um den Gefallen gebeten, für einen erkrankten Kollegen einzuspringen – für den *Bettelstudenten*. Anheisser sagte sofort zu. Sein Theater ließ er, der große Bariton, schließlich nicht im Stich.

Die Beisetzung auf Melaten wurde zu einer deutsch-deutschen Trauervereinigung. Erhard Fischer, Chefregisseur der Deutschen Staatsoper in Ost-Berlin, war zur Totenfeier ebenso erschienen wie Vertreter des Frankfurter Schauspiels, des weiteren Repräsentanten der Züricher Bühne und natürlich das Kölner Theater-Ensemble. Neben Interpret Willy Schneider und Sängerin Maura Moraira nahm auch Edith Gabry-Kertész am Trauerakt teil. Ihr Mann István, Dirigent, Kölner Generalmusikdirektor und oberster Leiter des Opernhauses, war erst einige Monate zuvor bei einem Badeunfall in Israel ertrunken und ebenfalls auf Melaten bestattet worden.

Henriette Anheisser arbeitete zuletzt in der Lizenzabteilung des WDR. Jahrelang hatte sie gegen die Stadt Köln um eine Entschädigung prozessiert, mußte sich am Ende aber mit einer kleinen Rente von anfänglich 900 Mark und einer einmaligen Zahlung von 40000 Mark zufriedengeben. Heute lebt die Witwe Anheisser zurückgezogen in Bergisch Gladbach.

„Ich freue mich", sagt sie, „wenn Wolfgang im Radio singt." Auf WDR 4, Radio Berlin oder auch auf SWF 1. Oft erklingen Anheissers

Der Grabstein von Wolfgang Anheisser – eine abgebrochene Stimmgabel.

Interpretationen von Robert-Stolz-Liedern wie „Auf der Heide blühn' die letzten Rosen“. Zwei Jahrzehnte nach dem tragischen Verlust ihres Mannes empfindet sie es als das eigentlich Traurige, getrennt von ihren nächsten Angehörigen zu sein. Brüder, Nichten und Neffen hatte sie im weit entfernten Namibia zurückgelassen. In der ehemaligen Kolonie Deutsch-Südwest-Afrika wurde sie geboren – dort hatte sie auch ihren Mann kennen und lieben gelernt.

Willy Birgel und René Deltgen

Die großen Schauspieler

Melaten, des Todes liebste Stadt. Eingebettet in das Gewühl der Metropole, umrahmt von fünf Straßen, ist dieser Kölner Gottesacker ein friedvolles Pentagon. Ein Stück Land, das – wenn es nunmal soweit ist – fromme Wünsche weckt.

Willy Birgel (19.9.1891 Köln – 29.12.74 Dübendorf/Schweiz) und René Deltgen (30.4.1909 Esch/Luxemburg – 29.1.1979 Köln). 1939 standen die beiden in dem UFA-Film „Kongo-Express" gemeinsam vor der Kamera. Deltgen ist links im Bild zu sehen.

Willy Birgel alias „Rittmeister Brenken“, „Fürst Woronzeff“ und „Konsul Strotthoff“, Birgel, der alt gewordene Grandseigneur des deutschen Kinos, hatte nicht mehr lange zu leben und erledigte die Angelegenheit von seinem Schweizer Wohnsitz aus – mit einem Telefonat nach Köln. Er bat seinen Bruder Hans, den geschäftstüchtigen „Hosen-Birgel“ aus der Cäcilienstraße, sich um ein Grab zu bemühen: nicht irgendwo, sondern selbstverständlich auf Melaten.

Es fand sich ein Platz an einer Wegekreuzung, nicht weit vom Haus der Friedhofsverwaltung. 4000 Menschen, darunter auffallend viele Frauen, strömten am 9. Januar 1974 nach Melaten. Dort nahmen sie Abschied von Willy Birgel, dem bedeutenden Mann, der schon zu Lebzeiten Millionen von Menschen fasziniert hatte.

Noch 1971, zu seinem 80. Geburtstag, hatte die Münchner Abendzeitung dem in die Jahre gekommenen Star bescheinigt: „Er hat noch nie einen Freund betrogen, eine Frau geohrfeigt, sein Vaterland verraten oder eine karierte Krawatte zum gestreiften Anzug getragen. Er ist das Summa summarum aller Kavaliere, Charmeure und Gutausseher.“ Hätte er Vater Heinrich als Vorbild genommen, wäre der am 19. September 1891 in Köln am Eigelstein geborene Wilhelm Maria Birgel immerhin ein gutaussehender Goldschmied geworden. Die entsprechende Ausbildung brach er, neunzehnjährig, seiner Leidenschaft zuliebe ab und betrat die Bretter, die die Welt bedeuten – zunächst in der Kölner Schauspielschule.

Sein Talent bescherte Birgel nach drei Jahren einen ersten Vertrag am Stadttheater Bonn. Kurz darauf begann der Erste Weltkrieg. Birgel rückte freiwillig ins Feld und wurde schwer verletzt. Wieder genesen, kämpfte er bis Kriegsende an der Westfront.

Heimgekehrt, knüpfte Willy Birgel problemlos an seine Schauspielerkarriere an. Nach Engagements in Dessau, Koblenz und Aachen wurde er 1924 am Mannheimer Nationaltheater engagiert. In den folgenden zehn Jahren bewies sich Birgel als Charakterdarsteller, als Hamlet, Mephisto oder Heinrich IV. „Vergeudetes Können! Er ist viel zu gut fürs Theater!“, befand Ufa-Boss Ernst Hugo Correll. Das Zauberwort lautete „Kino“. Und so eröffneten er und der Regisseur Paul Wegener dem bereits 43jährigen Birgel das Tor zum Massen-Publikum.

Die deutsche Filmbranche hatte ihren Clark Gable gesucht und gefunden. Er feierte sein Debüt als englischer Offizier in „Ein Mann will nach Deutschland". Hier begann Birgels glanzvolle Spielfilm-Ära. Er faszinierte als Schurke mit Stil wie als Schelm; mal spielte er den Lady-Killer, mal ging er leer aus und ertrug es mit aristokratischer Haltung. Dieser Kölner war ein Weltmann. Er spielte an der Seite von Gustav Gründgens und Heinrich George („Das Mädchen Johanna", 1935), mit Lilian Harvey und Willy Fritsch („Schwarze Rosen", 1935) – auch mit Zarah Leander („Zu neuen Ufern", 1937).

Am 11. April 1941, genau 71 Tage bevor Hitler den Startschuß für das „Unternehmen Barbarossa" gab, als das faschistische Reich die Uraufführung des Sport-Epos „…reitet für Deutschland" von Regisseur Arthur Maria Rabenalt erlebte, hatte Birgel Köln bereits den Rücken gekehrt und lebte in der Hauptstadt Berlin. In diesem Film verkörpert er den deutschen Reiter Carl Friedrich Freiherr von Langen-Parower alias „Rittmeister Brenken", der, nach einer Kriegsverletzung gelähmt, sich „tugendhaft" gegen das „Krüppeldasein" aufbäumt und „zäh wie Kruppstahl" doch noch sein Schicksal meistert, um beim „Großen Preis von Europa" sämtliche Rivalen zu bezwingen. Als die Entnazifizierungskommission den Held nach Kriegsende zu entlarven suchte, versuchte Birgel sich mit einem Satz von der Verantwortung freizusprechen: „Für Amerika konnte ich ja wohl nicht reiten." Tatsächlich wurden die unangenehmen Fragen eingestellt, und im Jahre 1950 flimmerte Birgel an der Seite von Hans Albers in dem Film „Vom Teufel gejagt" über die Leinwand, der am 24. Oktober 1950 in Köln am Hahnentor Premiere feierte. Fünf Jahre später versuchte sich Birgel selbst als Regisseur: Das Werk „Rosenmontag" (mit Dietmar Schönherr) sollte seiner Heimatstadt Tribut zollen – wurde aber ein Flop. Künftig blieb Birgel Regiestühlen fern.

Aber seine Liebe zum Theater hatte er wiederentdeckt: Ab 1959 war er ständiger Gast am Schauspielhaus Zürich, ab 1964 am Bayerischen Staatsschauspiel. Zu seinen besten Rollen gehörte der Doktor in Max Frischs „Andorra". Birgel brillierte auch in Fernsehfilmen.

Birgel, der in erster Ehe mit Carola Cajetan verheiratet war (Sohn Georg), trennte sich 1968 – nach über 30 Jahren – von Charlotte Michael, mit der er eine Tochter hatte. Schon achtzigjährig, ließ er

Unter großer Anteilnahme der Bevölkerung wird Willy Birgel am 9. Januar 1974 auf Melaten zu Grabe getragen.

sich auf eine Liaison mit einer fast 40 Jahre jüngeren Frau ein, der Stuttgarter Lungenfachärztin Margarethe Hille. In diese Zeit fällt auch sein Gastspiel in seiner Heimatstadt: Im „Theater am Dom" spielte Birgel die Hauptrolle in der Komödie „Sind wir das nicht alle?". Später besuchte er Köln nicht mehr. Am 29. Dezember 1972 starb er in seiner Villa in Dübendorf bei Zürich an Herzversagen.

Von Birgels Grab ist der Weg zu einem weiteren großen Namen der deutschen Film- und Theatergeschichte nicht weit. Genaugenommen sind es nicht mehr als fünf Schritte.

Sieben Jahre nach der Beisetzung auf dem Melatenfriedhof erschien am Grab Birgels, begleitet von Gärtnermeister Schorn, die Witwe eines anderen berühmten deutschen Mimen. – René Deltgen

Das Grab von René Deltgen in Flur 34, an Littera D.

war tot. „Hier“, meinte Schorn und deutete auf eine benachbarte Freifläche, „ist noch ein schöner Platz.“ Dieser Vorschlag wurde für gut befunden. Hier, neben einem Kollegen, würde der Verstorbene auch nicht so alleine sein. Zwei Tage später wurde der große Schauspieler René Deltgen an Birgels Seite beerdigt.

Auch im Leben hatten die Männer einiges gemeinsam: René Henri Deltgen, der 1909 geborene Sohn eines Luxemburger Chemikers, begann seine Laufbahn wie Birgel an der Kölner Schauspielschule. 1939, im Film „Kongo-Express“, standen sie als gegensätzliche Filmhelden gemeinsam vor der Kamera, trugen auf dem Schauplatz Afrika ihren Kampf um eine begehrenswerte deutsche Dame aus. Der überlegene Victor Hartmann (Birgel) gegen die brodelnde Eifersucht und das Draufgängertum des Gaston Thibault (Deltgen). Im Dschungel-Duell blieb Victor Sieger, Gaston opferte sein Leben.

Mit seinen überzeugend kühnen, intriganten und teilweise brutalen Rollen eroberte Deltgen das Publikum. Filme wie „Das Mädchen Johanna“, „Savoy Hotel“, „Kautschuk“, „Zirkus Renz“ und „Die drei Codonas“ wurden auch außerhalb Deutschlands Erfolge. Später wandelte sich Deltgen zum vielseitigen, oft sanften Charaktermensch. Herbert Maisch holte ihn nach dem Krieg auf die Bühne zurück. Seine Rolle als General Harras in Carl Zuckmayers „Des Teufels General“ ist dem Kölner Publikum als Sternstunde der Schauspielkunst in Erinnerung geblieben.

Das Grab von Willy Birgel in Flur 34, an Littera D.

Irmgard Keun

Die Frau, die zweimal starb

Melaten am 12. Mai 1982, Flur 12. Ein unheimlicher Gedanke lag in der Luft: Einen Nachruf auf die Schriftstellerin, deren Sarg vor seinen Augen in der Erde verschwand, hatte Trauergast Wilhelm Unger, Kulturredakteur des „Kölner Stadt-Anzeiger“, bereits vor 42 Jahren gesprochen. Rätselhafte Irmgard Keun – die Frau, die zweimal starb.

Totgesagte leben länger. In Anbetracht der Keun und ihrer exzentrischen Künstler-Vita aus ruhmreichen wie verlorenen Jahren wird aus der Floskel ein treffendes Fazit. Ihr Leben glich einer Achterbahn. Daß sie zu Beginn ihrer Karriere ihr Alter den Protegés gegenüber um fünf Jahre herunterflunkerte – warum ist nicht ganz klar –, ist unter den vielen Wirrnissen ein harmloses. 1905 oder 1910, jedenfalls an einem 6. Februar, kommt Irmgard Keun als Tochter eines Fabrikanten in Berlin zur Welt.

Für die Anstellung als Geschäftsführer der „Cölner Benzin-Raffinerie“ zieht der Vater samt Familie schon bald an den Rhein, klein Irmgard wächst auf im Braunsfelder Einfamilienhaus Eupener Straße 19; sie absolviert ihre Schulausbildung im Lindenthaler Mädchenlyzeum. Sie ist ein Ereignis: blond, blauäugig, schön. Nach einigen Jahren als Stenotypistin im väterlichen Betrieb besucht sie ab 1923 die Kölner Schauspielschule, wird mit Engagements in Greifswald und am Hamburger Thalia-Theater belohnt und kehrt 1929 nach Köln zurück. Wie ein zu eng gewordenes Kleid streift sie ihre letzte Unschuld ab – die Keun wirft sich in den mitreißenden Strudel der Großstadt. Die Neugier treibt sie durch alle Kölner Viertel, durch die Reviere der Dirnen wie der Damen, der Kerle und Casanovas. Sie verkehrt in Künstlerlokalen, ihr Erzähltalent ist Entertainment, sie macht die Gäste in der „Kleinen Glocke“ und im „Treppchen“ zu ihrem Publikum. Zustimmend nicken sich die Literaten zu – ja, wenn sie so gut schreiben könnte, wie sie erzählt, dann…

Sie kann. Die scharfen Einblicke des Nachtfalken fügen sich am Tag zur Dichtung. Wieder zurück in der Firma des Vaters, beginnt Irmgard Keun am Raffinerie-Schreibtisch ihre ersten Manuskripte zu tippen. Wort für Wort zimmert sie ein Kölner Weibsbild der Weimarer Zeit: „Gilgi – eine von uns“ wird geboren. Der Roman läßt die Literaturszene erbeben. „Eine schreibende Frau mit Humor, sieh mal an! Hurra, hier ist ein Talent“, jubelt Kurt Tucholsky in der „Weltbühne“.

Irmgard Keun (6.2.1910 Berlin – 5.5.1982 Köln).

Die Story vom kessen Großstadtmädchen Gilgi wird in 20 Sprachen übersetzt und 1932 von der Ufa verfilmt. Und Irmgard Keun legt nach. „Das kunstseidene Mädchen" übertrifft noch das Debüt, die Tantiemen sind reichlich – Sterntaler. Keun nippt am edlen Luxus, heute hier, morgen dort, dabei immer beste Adressen – was, Leute, kostet die Welt? Doch fünf vor Hitler ist es zwischen Licht und Schatten nur ein kleiner Schritt: 1933, im Jahr der Machtergreifung, verbannen die Nazis Keuns Werke aus den Bücherregalen. Für „Asphaltliteratur mit antideutscher Tendenz" ist kein Platz. Die Gestapo zerrt Irmgard Keun zu Verhören ins EL-DE-Haus. Die Nachtigall der Literatur „singt" nicht – im Jahre 1936 entflieht sie aus der Heimat in die Emigration.

Ostende, Amsterdam, Paris: Irmgard Keun findet sich in der Gesellschaft der Geächteten wieder, neben Ernst Toller, Stefan Zweig, Egon Erwin Kisch. Die Exil-Autorin schreibt weiter, ihre Erfahrungen im Faschismus fließen in das Buch „Nach Mitternacht" ein – aber etwas ist anders, ohne daß es in ihren Zeilen erkennbar wäre: Die

Das Grab von Irmgard Keun in Flur 12 in G (G).

Geschichten entspringen der Seele einer Trinkerin. Abgründe beginnen sich aufzutun. Irmgard Keun, die Diva – so launisch, so boshaft.

„Ich schlafe mit Juden und Negern": Mit dieser Telegramm-Botschaft leitet sie – erfolgreich – die Scheidung von ihrem im Reich verbliebenen Ehemann ein, dem Regisseur und späteren DDR-Pen-Präsidenten Johannes Tralow. Eine Liebesaffäre mit Josef Roth ist so heftig wie kurz, der von Eifersucht und Suff gequälte Dichter stirbt 1939. Im selben Jahr fällt Irmgard Keuns Bruder Gerd, Deutschlehrer im Gymnasium Kreuzgasse, im Polen-Feldzug, nachdem er seinen Sextanern, darunter zwei Jungen namens Klaus Hartmann (späterer FC-Präsident) und Gerd Uhlenbruck (späterer Medizin-Forscher), eine Grußpostkarte gesandt hat. Ein Jahr darauf „stirbt" auch Irmgard Keun. Es ist ihr erster Tod.

„Selbstmord in Paris nach Einmarsch der Reichswehr" heißt die fingierte Meldung, die aus Frankreich in die deutsche Presse schwappt. Prompt streichen die Nazis Irmgard Keun von ihrer schwarzen Liste – der Fall, so scheint es, hat sich von selbst erledigt. Quicklebendig nutzt die offiziell Verschiedene die Stunden der Wahrheit und kehrt unbemerkt nach Köln zurück. Die Totgesagte lebt länger, als ihren Feinden lieb ist, und die Jahre bis zur deutschen Kapitulation übersteht sie unversehrt.

Köln nach der Stunde Null, das heißt Alltag in Schutt und Asche, ein Leben in Ruinen. Mittendrin „Ferdinand, der Mann mit dem freundlichen Herzen". Irmgard Keuns Nachkriegs-Roman aus dem Jahr 1950 wird ihr letztes Werk. Es verkauft sich schlecht. Der Zauber des Wunderkindes ist verflogen, der gute Geist steckt, eingesperrt wie ein Dschinni, in der Flasche. Mehr denn je ist die Keun dem Alkohol verfallen und mittlerweile Mutter einer unehelichen Tochter. Ihr berühmtestes Kind, „Das kunstseidene Mädchen", wird in Italien 1960 zur Leinwandheldin, den Applaus erntet Regisseur Federico Fellini. Irmgard Keuns Name gerät für lange Zeit in Vergessenheit. Die Sanitäter, die sie 1966 bewußtlos vom Pflaster der Hohe Straße auflesen, die Passanten, die achtlos vorbeigehen, halten die betrunkene Frau für einen bedauerlichen Fall – nicht mehr und nicht weniger. Irmgard Keun existiert in der Öffentlichkeit nicht mehr. Sechs Jahre verbringt sie in der Landesklinik Bonn, streunt nach ihrer Entlassung durch die

Hauptstadt, vornehmlich Kneipen. Eine Dachkammer ist ihr Zuhause. Einmal noch, ein letztes Mal, taucht Irmgard Keun, die Ertrinkende, aus der Versenkung und schwimmt obenauf. Der Theaterkritiker und Keun-Verehrer Wilhelm Unger beschafft ihr 1975 eine Wohnung in der Kölner Südstadt und lädt sie zu Lesungen ein. Das öffentliche – wie finanzielle – Interesse am gebrochenen, genialen Menschen namens Keun ist wieder entflammt, ihre neuaufgelegten Werke sind ein Erfolg. Versöhnt mit dem Publikum, aber ohne ihrer Alkoholsucht je entkommen zu sein, erliegt sie am 5. Mai 1982, daheim in der Trajanstraße, im Alter von 72 Jahren einem Bronchialkrebs.

Rechts: Rolf Stommelen (11.7.1943 Siegen bis 24.4.1983 Riverside/Kalifornien) im Gespräch mit dem Filmstar Paul Newman (links). Die beiden fuhren mehrmals als Team.

Rolf Stommelen

Tod eines Rennfahrers

Leichenträger tragen schwarz, doch diese sechs Männer trugen weiß. Die Porsche-Mechaniker waren, ihrem Berufsstand gemäß, in Overalls erschienen. Sie führten den Sarg, oben auf dem Deckel lag ein rot-weißer Sturzhelm – sein Sturzhelm. Nein, hieß es in der Trauerrede, keine Rennstrecke gäbe es auf der Welt, auf der er nicht

gesiegt hätte. Der Sarg wurde in die Erde hinabgelassen, Blumen folgten. Ein letzter Gruß an Rolf Stommelen, Rennfahrer. Gestorben am 24. April 1983, fern der Heimat, in den USA.

Es war die 94. Runde im Sechsstunden-Rennen von Riverside/-Kalifornien. Einmal mehr ließ der rote Turbo-Porsche die mit 2,4 km längste Streckengerade hinter sich. Die Zeitmesser notierten einen neuen Rundenrekord. Es sah nach einem Sieg aus. Mit 300 km/h steuerte Rolf Stommelen in die nächste Linkskurve.

In Deutschlands Wohnzimmern gingen die letzten Lichter aus. Es war bald Mitternacht, Sonntag, der 25. April, ging zu Ende. Deutschland schlief, als acht Zeitzonen entfernt in der Linkskurve von Riverside bei Los Angeles der Heckspoiler des Porsche 935 beim Anbremsen abbrach. Als der Rennwagen von der Piste abhob, wirbelte er durch die Luft, drehte sich mehrmals, schoß in die Betonbarrikaden, riß zwei tonnenschwere Blöcke aus den Verankerungen und ging in Flammen auf. Rolf Stommelen starb wenig später.

„Mich wird's nie erwischen." Nicht länger als drei Monate hat Rolf Johann Stommelen, Sohn eines Siegener Automechanikers, seinen Ausspruch überlebt.

Die Hoffnung seiner Frau Marlene, daß Rolf, der immerhin schon 39 war, seine Laufbahn lebend beenden werde, war in den Trümmern des Rennwagens begraben worden. Der deutsche Motorsport hatte 45 Jahre nach Bernd Rosemeyer (verunglückt 1938), 22 Jahre nach Wolfgang Berghe von Trips (†1961 in Monza) einen weiteren Weltklassefahrer verloren.

Die Rolle im Formel-1-Zirkus war Stommelen auf den Leib geschrieben. Der Frauentyp verstand die Kunst der passenden Pose. In seinen Händen steckten als Folge seines ersten schweren Rennunfalls (1968) künstliche Fingergelenke. Er hörte nicht auf, als beim Grand Prix von Barcelona (1975) sein Wagen in die Tribünen katapultiert wurde und fünf Zuschauer in den Tod riß. Trotz allem: Als „todesverachtend" galt er eigentlich nie. Vielmehr hatte dem „Sunnyboy mit dem ewigen Lächeln" bis über den Tod hinaus der zweifelhafte Ruf angehangen, ein Sicherheitsfanatiker zu sein.

Am Ende wie am Anfang stand ein Porsche. Das Geschenk, das Vater Stommelen 1961 seinem Sohn zur bestandenen Kfz-Mechaniker-Prüfung machte, wies dem 19jährigen Einzelkind den Weg. Seine ersten Runden drehte Stommelen auf dem Nürburgring. Was als Hobby begann, erwies sich bald als Berufung. 1964 stieg Rolf in das Renngeschäft ein und verbuchte ein Jahr später die ersten Erfolge: Der 2. Platz beim Preis von Tirol brachte ihm einen Werksvertrag bei Porsche. Als Tempomacher bei den „24 Stunden von Le Mans“ machte er sich weiter einen Namen. Alles lief gut. Zweimal Zweiter der Berg-Europameisterschaft, auf Anhieb Sieger der berühmten und wegen der „sizilianischen Schlaglöcher“ ebenso gefürchteten Targa

Porsche-Mechaniker in weißen Overalls mit schwarzen Binden trugen den Sarg von Rolf Stommelen. Auf dem Sarg sein Helm.

Florio. Ein Jahr darauf erklomm er beim 24-Stunden-Rennen von Daytona Beach das Siegertreppchen. Stommelen war nicht zu bremsen. Die Gagen wurden höher, die Schlagzeilen fetter. In das Jahr 1968 platzte die erste böse Nachricht: „Bleibt Stommelen Invalide?“ – „Ärzte sehen schwarz“ schrieben die Zeitungen. Der Jungstar war beim Training zum internationalen Bergpreis auf der Hohenringstraße Rossfeld in den Alpen in die Böschung gerast, hatte sich Arme

Das Grab von Rolf Stommelen in Flur 72.

und Hände gebrochen. Die von Kölner Orthopäden eingepflanzten künstlichen Gelenke bewahrten ihn vor dem Ende der Karriere. Stommelen startete noch einmal durch – und schaffte 1970 den Sprung in die Formel 1.

Die erste Saison verlief sensationell. Der Neuling qualifizierte sich für zehn von dreizehn Rennen, beendete die Saison als WM-Elfter. Viermal hatte er mit seinem Brabham punkten können: als Dritter im Grand-Prix von Österreich, als jeweils Fünfter in Hockenheim, Spa und Monza. Die Hoffnungen waren groß, erfüllten sich aber nicht. 1971 fuhr Stommelen nur drei WM-Punkte ein. Seinem neuen Rennstall Surtees warf er vor, ihm absichtlich schlechtes Material zur Verfügung zu stellen. Er fand im Mayener Unternehmer Günther Hennerici einen neuen Sponsor. Mit dem deutschen Team war er allerdings chancenlos. Von insgesamt 54 Grand-Prix, die er bis 1978 als Formel-1-Pilot bestritt, gewann er kein einziges.

Die Barcelona-Tragödie vom 27. April 1975 wurde ein trauriger Meilenstein seiner Karriere. Beim Großen Preis von Spanien war an

Stommelens Auto, so wie acht Jahre später in Riverside, der Heckflügel weggebrochen. Er selbst kam mit Knochenbrüchen davon. Doch die Bilanz des Unfalls war verheerend. Das Auto war in die Zuschauer gedonnert, fünf Formel-1-Fans starben, elf erlitten schwere Verletzungen. Stommelen machte noch drei Jahre weiter. 1978 in Monza sah er aus nächster Nähe, wie der Wagen seines Kollegen Ronnie Peterson explodierte. Der grausame Tod des Schweden bewog Stommelen, endgültig aus der Eliteklasse auszusteigen. Er verabschiedete sich aus dem erlauchten Kreis der Laudas und Reggazonis, Fittipaldis und Patreses.

Den Geschmack der großen Siege, der ihm in der Formel-1 verwehrt blieb, genoß Rolf im Produktionswagen-Sport. Er gewann die Deutsche Rennsport-Meisterschaft, siegte viermal in Daytona Beach, zweimal beim 1000-Kilometer-Rennen auf dem Nürburgring. Nur die Finanzbehörden konnte er nicht abschütteln: Wegen Hinterziehung von 200000 DM Steuern landete Stommelen 1978 vor Gericht.

Um die Entschuldigung für das Finanzdelikt mühte sich ausgerechnet der anklagende Staatsanwalt: Die ständige Lebensbedrohung kompensiere ein Rennfahrer durch „ausgeprägtes Ertrags- und Gewinnstreben“, wobei dann aber eine „buchhalterische Mentalität“ gänzlich fehle. Urteil des Schöffengerichts: 20000 Mark Geldbuße und sieben Monate Haft auf Bewährung.

Freunde und Teamgefährten erhoben ihre mahnenden Stimmen, redeten Stommelen ins Gewissen. Er habe viel erreicht, er solle doch nun auch mal die jungen Kollegen nach vorne lassen. Des Geldes wegen hätte Stommelen nicht weiterzumachen brauchen. Zumindest davon hatte er genug. Er lebte in einer Villa im vornehmen Hahnwald, das selbst für seine Hunde Alfa und Romeo ein Paradies war. Doch den Abgang schaffte er nicht – der Tod war schließlich schneller.

Daß Stommelen in der Königsklasse Formel-1 nie den ganz großen Durchbruch geschafft hatte, versuchte Hans-Joachim Stuck wie folgt zu erklären: „Vielleicht war Rolf fürs Geschäft nicht hart genug.“ Vielleicht – und doch war er den Tod eines Rennfahrers gestorben.

Arnold Faust

Ein kölsches Genie

Fünfhundert Trauergäste waren gekommen. Die meisten mit dem Wagen, Halbseidene mit Rolls Royce. Viele fuhren mit den KVB vor. Haltestelle Melaten.

Wunderkerzen brannten im strömenden Regen. „Eilemann“ Charly Niedieck griff zur Gitarre. Sing a Song für Arno Faust. „Wir trauern, ävver nachher feiern wir – dat hammer vun dir jeliert.“ „Für Arno von Benno“ sollte auf dem Kranz von Trauergast Benno Swienty, Chef der „Kumede“-Heimatbühne, stehen. Statt dessen hatte die Gärtnerei „Für Benno von Arno“ auf die Kranzschleife gedruckt. Benno fluchte mit Blick auf den Sarg: „Da kann ich mich ja gleich danebenlegen!“

Manch einer nahm einen kräftigen Schluck aus seinem Flachmann („Vorbeugung gegen Grippe“). Währenddessen wurden vor den Friedhofsmauern die Rolls-Royce-Reifen zerstochen…

Ja, es ging schon turbulent zu, als das kölsche „Miljöh“ eines seiner größten Originale zu Grabe trug und der Maler Theo Marx seinem besten Freund Arno ganz persönliche Worte der Anerkennung nachrief: „Ich liebe dich, du alte Sau!“

Eine skurrile Trauerfeier, letzte Konsequenz eines schrillen Lebens. Arnold Faust: Maler, Karikaturist, Musikant. Der Mann, der kein Hochdeutsch kannte, der kölsche Jung, den alle liebten. Im September 1984 hatte er für immer adieu! gesagt.

Eigentlich wollte er Pastor werden, oder einsam wie Robinson Crusoe auf einer Insel leben. – Träume eines Jungen vom Lande, geboren am 18. Dezember 1918 in Großkönigsdorf. Das mit der Insel ließ er bleiben, statt dessen zog er mit Zeichenblock und Gitarre durch Südeuropa. 1957 klopfte der schräge Wandersmann in Spanien an die Tür von Salvador Dalí. Zwei Exzentriker hatten sich getroffen.

Arnold („Arno“) Faust (18.12.1918 Großkönigsdorf – 5.9.1984 Köln).

Der Maestro gewährte Audienz, ließ sich zeichnen. Faust beschimpfte ihn Auge in Auge als „Geizhals“, weil er ihm nicht einmal ein Glas Wein angeboten hatte, statt dessen nur bunte Bonbons. Den Mund ließ sich der Schelm auch jenseits des Eisernen Vorhangs nicht verbieten. Im Jahre 1959 stellte er sich einfach mitten in das Moskauer

1957 – Gipfeltreffen zweier Künstler: Arnold Faust zeichnet Salvador Dalí.

Hotel „Metropol“ und sang unverblümt Lieder aus der amerikanischen Prärie. Provokante Töne im kalten Krieg.

Daheim in Köln verdiente Faust sein Geld von 1962 bis 1971 als fester Zeichner der Kölnischen Rundschau. Die freie Arbeit lag dem Unikum allerdings mehr: Fausts perfekter „Schreibtisch“ war schmal, meterlang und hatte Platz für zehn: die Theke seiner Stammkneipe. Saubere, feine Federstriche setzte er in Toni Dierses „Kleiner Glocke“ aufs Papier. Vom Alltag, vom Kneipenvolk ließ er sich inspirieren und pflegte nach gelungener Arbeit zu sagen: „Kuck ens, is dat nit genial?“

Seine Zeichnungen gab er großzügig für ein frisches Kölsch weg. Das gesellige Leben ließ ihn einen schweren Gram leichter ertragen: Seine Frau hatte ihn verlassen, und Sohn Roland mit 22 Jahren Selbstmord begangen.

Faust war nicht mehr der Alte. Lärmende Launen und Eskapaden am Tresen raubten so manchem Wirt den Nerv: „Ach, Arno...“ Sein Leben neigte sich dem Ende zu. Klinik, Entlassung, wieder Klinik. In der „Kleinen Glocke“ sammelte man Geld für einen Sarg – da stand Faust plötzlich am Fenster. Er hatte gesehen, was vor sich ging, wendete sich ab, und ging wieder ins Krankenhaus. Zurück blieb ein betretenes Häuflein alter Weggefährten. – Sie hatten es nicht böse gemeint. Mit ruinierter Leber fiel Arno Faust in ein Koma, aus dem er nicht mehr erwachte. – Sein Leben aber hatte er gelebt.

Sein Lieblingsinstrument legten seine Freunde dem Künstler mit ins Grab.

Franz „Mac“ Daniels

Niemandsland

Meinen ersten Toten, den ich beerdigt habe, werde ich nie vergessen. Wir nannten ihn Mac.“ Karl-Heinz Kreutzmann ist Seelsorger. Seit 1986 hat er, der Leiter der Selbsthilfegruppe „Oase“, mehr als 80 Männern und Frauen ein möglichst ordentliches Armenbegräbnis organisiert. Darunter auch Franz Daniels. Wenn er über Macs Beerdigung spricht, dann spricht er von dem einzigen Mal, an

Franz Daniels („Mac“) (1936 – 1.12.1986 Köln).

dem ihn seine Mission nicht auf den West- oder Südfriedhof, sondern nach Melaten, dem feinsten aller Friedhöfe, führte. Auf die Frage, wo das Grab denn genau liege, antwortet er: „Nun ja. Links liegt eine Frau Cütter, und rechts eine Frau Karls." Und er fügt hinzu: „Eigentlich sollte das Sozialamt für Mac ein Holzkreuz besorgen. Aber ich habe nie eins gesehen."

Wie im Leben, so auch im Tod. An irgend etwas hatte es Mac, dem Berber, immer gefehlt: An einem Platz zum Schlafen, einer warmen Mahlzeit, einem kräftigen Schluck, natürlich an Geld und am meisten wohl an Geborgenheit. Gewöhnlich verraten die Grabmale auf Melaten Name, Stand und Beruf des Toten und erklären, wozu er eigentlich auf der Welt war. Das Grab von Mac bildet dazu den härtesten Kontrast. Nur ein kleiner Stein ziert seine letzte Ruhestätte. An manchen Wintertagen verhüllt ein dichter Schneeteppich das Reihengrab in Flur 75 A. Dann ist dort nichts außer einem unschuldigen Weiß. Im Leben wie im Tod trägt der Obdachlose die Bürde, ein Niemand zu sein.

Wann und warum aus dem Bürger Daniels der Berber Mac wurde, läßt sich nur schwer ausmachen. 1936, soviel steht fest, wurde er geboren. Beruflich war er erfolgreich: Er legte die Meisterprüfung ab, heiratete, wurde Vater und bot seiner Familie ein eigenes Zuhause. „Im übrigen sprach er nicht gern über seine Vergangenheit", so Rainer Best, der Leiter des „Kölner Sozialdienstes Katholischer Männer" (SKM), einer 1902 gegründeten Vereinigung zur Armenhilfe. Auch ihm, der Mac das letzte Jahr begleitete und schätzen lernte, blieb dieser Mann ein Geheimnis. Es gibt nur wenige Weggefährten, denen Mac sein Schicksal anvertraut haben könnte. Und wo sollte man die finden? Rainer Best blättert in einem Ordner mit Bildern, die er von Zeit zu Zeit kommentiert: „Der ist schon tot. – Dieser auch. – Der ist zurück nach Italien gegangen.– Der ist ebenfalls schon gestorben. Und den hier kenne ich nicht."

Karl-Heinz Kreutzmann kann sich gut an seine erste Begegnung mit Mac erinnern: „Das war auf einer Parkbank am Zülpicher Platz. Dort saß Mac und bettelte um ein Almosen – mit seinem eigenen Spruch: 'Der da', sagte er und deutete auf den zerbeulten Hut neben sich, 'hat Hunger – auf einen Heiermann.' Ich antwortete, ich sei kein

Geldgeber sondern Seelsorger, was Mac mit einem deftigen Fluch quittierte." Der Seelsorger ist nicht nachtragend: „Er war 'ne echte kölsche Kraat, ein unheimlich sympathischer Knochen."

Erst in seinen letzten Jahren, gesundheitlich am Ende und zu keiner Arbeit mehr fähig, entkam Mac der Straße. Eine Wohngruppe des SKM nahm ihn auf. Sofern er nicht müde war vom Kampf ums Überleben, beschäftigte er sich mit Literatur, zitierte gern Tucholsky. Auch für überraschende Auftritte war er noch immer gut. Verschmitzt wußte Mac seinen roten Schal in Varieté-Manier in Szene zu setzen und seine Mitbewohner mit der „Nonchalance eines Johannes Heesters", so Best, zu begrüßen. Das letzte Foto zeigt den 50jährigen abseits des Trubels eines Sommerfestes im Heim an der Kleinen Brinkgasse. Mit seinen Markenzeichen, dem Hut auf dem Kopf und Roth-Händle-Zigaretten in der Hand. Wenige Wochen später schlief Mac auf seinem Bett ein und wachte nicht mehr auf. Sein Herz hatte aufgehört zu schlagen.

Das Grab von Franz Daniels in Flur 75 a.

Die Männer vom SKM machten sich auf dic Suche nach Angehörigen, auch bei den Meldeämtern. Fündig wurden sie nicht. Schließlich war da niemand, dem Rainer Best und Karl Heinz Kreutzmann ihr Beileid hätten bekunden können. Und wie bei Armenbegräbnissen üblich, trug das Sozialamt die Bestattungskosten. Bemerkenswert ist, daß sich an Macs Grab eine jahrhundertealte christliche Tradition fortsetzt: Schon im Mittelalter kümmerten sich die barmherzigen Augustinerinnen und Celitinnen um die Pest- und Pockenkranken, pflegten sie – und trugen sie schließlich auch zu Grabe. 1987, in ihrem 675. Gründungsjahr, nahm sich diese Kölner Ordensgemeinschaft neben sechs anderen Obdachlosen-Gräbern der Pflege von Macs Grab an.

Theodor Burauen

Vom Vringsveedel zur Millionenallee

Anekdoten über Theo Burauen hatte Anton Schorn, langjähriger Gärtnermeister von Melaten, stets im Kopf. Nie war ihm ganz wohl dabei, denn nicht jeder mußte sie ja kennen. Erzählt hat er dann trotzdem: vom Tag, als der „Döres" kam.

Ein übereifriger Junge aus dem Friedhofsbüro hatte dem Kölner Ehrenbürger und Oberbürgermeister a.D. einen Mahnbrief geschrieben: Das Grab seiner Eltern bedürfe der Pflege. Bald darauf stand Theo mit einem Körbchen Stiefmütterchen in der Hand vor Meister Schorn. Er fragte: „Kennst du dich he us? Ich such das Grab meiner Eltern."

Theodor Burauen (19.10.1906 Köln – 28.10.1987 Köln) mit dem amerikanischen Präsidenten John F. Kennedy in Köln, am 23. Juni 1963.

Burauen, er war nicht mehr der Jüngste, legte die Angelegenheit gleich ganz in Schorns erfahrenere Hände – samt einem Heiermann als kleinem Obolus. „Jung, trink en Bier auf mich!“ Sprach's und ging…

So war er und nicht anders: Burauen, eine Verkörperung der kölschen Seele. Der Junge aus dem Vringsveedel, Jahrgang 1906, trat mit 20 in die SPD ein. Er war Kaufmann, Lagerbuchhalter, Vertriebsleiter der Rheinischen Zeitung, bevor er 1933 arbeitslos wurde. Er nahm sich einen Bauchladen, verkaufte Zigaretten in Karnevalssälen und Zeitungen auf Schiffen der Köln-Düsseldorfer. Später zog er in den Krieg: Einsatz im Balkan, Luftnachrichtentruppe. Der Soldat kehrte heim, wurde Angestellter im Ernährungsamt der Trümmerstadt Köln, stieg auf zum Vorsitzenden des SPD-Ortsvereins Mitte, wurde Sekretär der SPD-Fraktion im Stadtrat, dann Bürgermeister und schließlich die Nummer Eins. Von 1956 bis 1973 war der Sohn eines Schriftsetzers der erste – und für seine Verehrer auch beste Bürger der Domstadt. Ob Hänschen Schmitz oder Kaiser Hirohito: Er „konnte“ mit jedem. Obwohl Kölsch-Freund, überstand er tapfer jede Champagnerfete, sogar zwei Flugzeugabstürze. Er war schlicht und einfach der Döres. Nicht erst seit dem Malheur von Melaten galt das Motto: „Et hätt noch immer jot jejange“.

… so wie in Hongkong 1963, bei Burauens Abenteuer der Luftfahrt. Der OB, mit Oberstadtdirektor Max Adenauer an Bord der Lufthansa-Boeing 720 nach Kyoto, erlebte sein erstes (blaues!) Wunder: Pilot Wilhelm Severens, der auf dem Flughafen Kai Tak zwischenlanden sollte, bekam das Bugrad nicht ausgefahren. Mit Sturzflügen, steil hoch und steil runter, versuchte die Crew, das klemmende Teil „herauszuschütteln“. Fehlanzeige – der Notplan wurde ausgerufen. Passagiere nach hinten, Krawatten lösen, Schuhe ausziehen, dritte Zähne entfernen, Kissen hinter den Kopf, in die Knie gehen – und dann: Hals und Beinbruch! Mit donnerndem Getöse landete die Maschine auf dem Bauch, schlitterte mit dem Bug wie ein stählerner Walfisch 170 Meter über die Rollbahn und blieb zwischen Kraut und Rüben liegen. Bilanz: Burauen und 63 weitere Insassen unverletzt.
Der OB, der vom Himmel gefallen war, war nach Meinungsumfragen bald darauf das zweitpopulärste Stadtoberhaupt Deutschlands – hinter dem Genossen Hans-Jochen Vogel, der in München residierte.

1968 sendete das Fernsehen gerade einen Rückblick auf das Hongkong-Unglück, als es passierte: Burauen war wieder abgestürzt, diesmal in Afrika – und diesmal gab es Blut und Tränen. Bei einem zoologischen Erkundungsflug über Ruanda hatte ein Propeller ausgesetzt, die einmotorige Maschine stürzte aus 100 Metern ab und zerschellte an einem Felsen. Burauen überlebte erneut – sein linkes Bein aber wurde zertrümmert. Joachim Kannegießer, Journalist der Deutschen Welle, kam ums Leben. Drei weitere Insassen, darunter der ruandische Informationsminister, wurden schwer verletzt.

Die Ära Burauen: Die Flugzeugunglücke waren die spektakulärsten Meldungen in eigener Sache. Was die Heimatstadt anging, erlebte sie in den 17 Jahren seiner Amtszeit ein buntes Feuerwerk aus Namen und Nachrichten. Das Opernhaus wurde eingeweiht, an der Venloer Straße der erste Kölner Supermarkt eröffnet, die Synagoge

Das Grab von Theodor Burauen und seiner Frau Berta an der Millionenallee.

Roonstraße wiederaufgebaut, und die Kassens luden ins „Senftöpfchen“. Severins- und Zoobrücke rückten ins Rheinpanorama. Die KVB verhängten Rauchverbot in Bussen und Bahnen, der Zoo feierte 100. Geburtstag – und der 1. FC Köln seinen ersten Meistertitel. General Eisenhower kam zu Besuch, Charles de Gaulle, Kennedy und Queen Elisabeth. In der Komödienstraße begann der U-Bahn-Bau, im Hauptbahnhof gab es Blumen für den millionsten Gastarbeiter. Schildergasse und Hohe Straße wurden zu Fußgängerzonen, Abrißbirnen zertrümmerten den Klingelpütz, und in Weidenpesch gewann die marokkanische Wüstenpolizei das erste europäische Kamelrennen. In Ehrenfeld erlosch die letzte Gaslaterne, in Chorweiler entstand die „Neue Stadt“. Das neue Rathaus wurde eingeweiht, der KEC gegründet, die Nord-Süd-Fahrt fertiggestellt. Man verlieh dem großen Sohn der Stadt, Heinrich Böll, den Nobelpreis, und Ulrike Meyfarth landete ihren Goldsprung. In der Sporthalle spielten die Rolling Stones, im Eros-Center Hornstraße gingen die Lichter an. – Und, auch das passierte: Am 16. Dezember 1973 fanden Passanten die erste Kölner Drogentote.

Am Tag danach hängte Burauen seine Amtskette an den Nagel. Er war 67 Jahre alt – Zeit zu gehen. Anfang der achtziger Jahre begann für ihn der gesundheitliche Leidensweg. Ein Herzschrittmacher wurde lebensnotwendig, ein Tumor aus dem Gehirn entfernt und – eine Spätfolge der Verletzungen nach dem Flugzeugabsturz 1968 – sein rechtes Bein teilamputiert. Schlimmer als das Leben im Rollstuhl wog am Ende der Tod seiner Ehefrau Berta. Fünf Wochen später folgte ihr Theo Burauen nach, am 28. Oktober 1987.

Auf Melaten wurden die Totengräber tätig. Etwas Unvorhergesehenes passierte. Dort, wo der Döres beerdigt werden sollte, war schon jemand bestattet! Ein Toter ohne Namen, längst vergessen, ein unbekannter Soldat mit den Resten einer Reichskriegsflagge – ausgerechnet! Hatte Burauen doch, als Mitglied im linken „Reichsbanner Schwarz-Rot-Gold“, die Weimarer Republik gegen Militaristen und Kriegshetzer verteidigt. Auch das war ein kleines Malheur, das nicht jeder wissen mußte. Aber Anton Schorn, der Gärtnermeister, wußte es. Burauens Beerdigung war schließlich ein würdiger Akt. Zwei edle Schimmel zogen auf einem offenen Wagen den Eichensarg knapp

Gezogen von zwei Schimmeln, wird Theo Burauens Sarg nach Melaten gefahren.

drei Kilometer durch die Stadt. Stumm schritt die Trauergemeinde von St. Michael nach Melaten. Nahe der Friedhofspforte an der Piusstraße, am östlichen Zipfel der Millionenallee, wurde Burauen bestattet. Mit 700 weißen und roten Nelken nahmen die Kölner Abschied. Adieu, Döres! Ihm hatten ihre Herzen gehört.

Josef Grohé

Deutschlandlied

Der 30. Dezember 1987 war ein kalter Wintertag. Das Jahr lag in den letzten Zügen, und Melaten erlebte einen gespenstischen Tag. Zwei Männer schritten wachsam über den Friedhof: „Spione" des Kölner NS-Dokumentationszentrums. Dr. Werner Jung hatte beim Frühstück von der anstehenden Freitags-Beerdigung aus einer unscheinbaren Todesanzeige erfahren. Kaum ein anderer aus seiner Generation wäre wohl über den seit Jahrzehnten totgeschwiegenen Namen gestolpert: Josef Grohé, zuletzt wohnhaft in Brück, Lindlarer Straße. Vertreter für Spielzeugartikel. Beruf bis 1945: Gauleiter von Köln – Hitlers Statthalter.

In der Trauerhallc crklang das Deutschlandlied. Kein Pfarrer weit und breit. Am Grabstein in Flur 11 in F, Nr. 232 a/b, stand kein Kreuz. Es gab auch keine Ansprache. Wäre Grohé 42 Jahre früher gestorben: Ein Staatsakt hätte stattgefunden, die Hakenkreuzflagge hätte auf Halbmast geweht und NS-Formationen wären aufmarschiert.

Grohés Biographie ist die Geschichte einer steilen Nazi-Karriere. Sie handelt von der großen Macht eines 1,65 m kleinen Mannes, von geleugneter Schuld und schwieriger Sühne. Kurzum: die Biographie eines Besessenen.

Das neunte von 13 Kindern, geboren am 6. November 1902 in Gemünden/Hunsrück, verläßt als 17jähriger die Provinz und zieht nach Köln. Die Stationen: Grohé beginnt 1919 eine Lehre in der Werkzeughandlung Leonhard Lasch, Zeughausstraße 24. 1923 übernimmt er die Leitung der Einkaufsabteilung der August Hönig GmbH. Zu seinen Aufgaben gehört es, Feuerlöscher zu verkaufen. Bittere Ironie: Der Biedermann hinter der Ladentheke ist in Wahrheit ein Brandstifter. Grohé, Mitgliedsnummer 13340, ist seit einem Jahr ein Mann der noch jungen NSDAP. Einer der ersten und glühendsten Verehrer Adolf Hitlers. In seiner Einzimmerwohnung in Nippes, Kempener Straße 42, träumt er davon, daß der Führer es ihm vielleicht danken wird.

Dieser Wunsch geht in Erfüllung: Grohé macht Parteikarriere. Er steigt auf zu einem der, so wird man später urteilen, „erfolgreichsten Männer des nationalsozialistischen Regimes". 1926 wird er Hauptschriftleiter des Westdeutschen Beobachters, des rheinischen Nazi-Kampfblattes, im Jahre 1929 Stadtverordneter der NSDAP im Kölner Rat. Es ist die Zeit der Saalschlachten und Haßreden. Grohés giftige Tiraden auf Weimar, die Juden und auf Oberbürgermeister Konrad Adenauer, gepaart mit seinem Ruf als Schläger, hinterlassen beim Führer Eindruck. Überliefert ist die Karnevals-Geschichte, daß Grohé der Weg durch den Prominenteneingang des Gürzenich verwehrt wird und er daraufhin den Türsteher verprügelt. 1931 ernennt Hitler den agilen Rheinländer zum „Gauleiter Köln-Aachen". Grohé

BDM-Mädchen überreichen Hitler zur Begrüßung in Köln Blumen. Grohé (6.11.1902 Gemünden/Hunsrück – 27.12.1987 Köln) sieht dem Treiben strahlend zu.

ist Herrscher im Parteibezirk, verlängerter Arm des Führers. Er sitzt an den Schalthebeln der Macht. Erst am Filzengraben, dann in der Mozartstraße, später in der alten Universität.

Der kleine Diktator wohnt mittlerweile in der Friedrich-Schmidt-Straße, im feineren Lindenthal. 1937 bezieht er ein paar Häuser weiter eine prächtige Villa in der Fürst-Pückler-Straße 58. Grohé bezieht ein Jahresgehalt von 24000 Reichsmark. Der Hausherr gibt Champagner-Empfänge und weiß, daß bald Krieg sein wird. Grohé tönt: „Der Führer hat die besten Waffen der Welt nicht geschaffen, um sie verrosten zu lassen."

Doch der Feind legt die Domstadt in Schutt und Asche. Im Tiefgeschoß der Grohé-Villa, sicher vor dem Bombenhagel, steht eine hölzerne Telefonkabine mit zwei Standleitungen: Nach Berlin, in Goebbels' Propagandaministerium, und in die „Wolfsschanze" nach Rastenburg, dem Führerhauptquartier. Grohé ist gerührt, als sich Hitler nach dem ersten „Tausend-Bomber-Angriff" telefonisch nach dem Befinden der Kölner Bevölkerung erkundigt. Dieser direkte Draht wird aber nichts mehr nützen. 1945 kommt das Ende, Köln steht vor dem Fall. Grohé, mittlerweile auch Reichskommissar für das besetzte Belgien, läßt die letzten Brücken sprengen und setzt sich am 6. März mit einem Motorboot ins Rechtsrheinische ab. Schloß Bensberg ist sein Ziel. Die Nazi-Eliteschule wird zur letzten Gauzentrale. Dann die panische Flucht.

8. März 1945: Grohé erreicht Wiehl, taucht in der Gaststätte „Tropfsteinhöhle" unter, gelangt weiter nach Dabringhausen. Am 15. April bricht er erneut auf, diesmal über Thüringen nach Oberwiesenthal in Sachsen. Dort erfährt er vom Tod Hitlers. Unter dem Decknamen „Otto Gruber" zieht er wieder westwärts, vergräbt sein Tagebuch. Im Harz wird er von einer amerikanischen Patrouille gestoppt – er richtet seine Waffe gegen das Gesicht und schießt sich eine Kugel durch die Wangen. Er überlebt, verbringt fünf Wochen im Kreiskrankenhaus Stolberg und wird nicht entlarvt. Erst am 23. August 1946 wird Grohé auf einem Bauernhof im hessischen Heringhausen von einem englischen Sergeanten gestellt.

Der Prozeß: Die Anklageschrift (2 Sp Ls 2/50) füllt 142 Seiten. Seltsame Dinge passieren im Spruchgericht zu Bielefeld. Wichtige

Zeugen erscheinen nicht – angeblich wegen Empfindlichkeit gegen „Räume mit schlechter Lüftung“. Diejenigen, die aussagen, beschreiben den Nazi als untadeligen Mann. Grohé selbst will während seiner 14jährigen Amtszeit als Gauleiter nichts von Folterkammern und Judenvernichtung gewußt haben. Das Gericht verurteilt ihn zu vier Jahren und sechs Monaten Haft wegen „Mitgliedschaft im politischen Führercorps der NSDAP“.

Ein mildes Urteil für Grohé: Von 43 im Januar 1945 amtierenden Gauleitern hatten zwölf Selbstmord begangen, sieben wurden verurteilt und hingerichtet, drei starben in der Internierung, zwei fielen in den letzten Kriegstagen, einer wurde von der SS hingerichtet, der Gauleiter von Niederschlesien auf der Flucht erschlagen und Gauleiter Koch (Ostpreußen) zu lebenslanger Haft verurteilt (er starb 1986 in Polen). Grohé verläßt das Bielefelder Gericht schließlich sogar als freier Mann: Die Zeit im Internierungslager wird ihm angerechnet. Übrig bleiben sechs Monate auf Bewährung. Zuviel, meint Grohé und reicht ein Gnadengesuch ein. Er findet hohen Beistand: Josef Kardinal Frings, Erzbischof von Köln († 1978). Der Katholik, der während des Krieges vor dem Gauleiter noch das „himmelschreiende Unrecht“ der Judenverfolgung angeprangert hatte, schreibt im Februar 1951 an die Justizbehörden (Bundesarchiv Koblenz): „Ich schließe mich dem Gnadengesuch von Grohé an, weil ich ihn immer für einen Idealisten gehalten habe, der für seine freilich irrige Idee große Opfer gebracht hatte.“ SPD-Oberbürgermeister Robert Görlinger wiederum legt bei NRW-Justizminister Amelungsen Protest ein gegen die unverblümte Solidarität, indem er unter anderem an die Folterung des Parteifreundes Wilhelm Sollmann im „Braunen Haus“ Mozartstraße erinnert – Grohé residierte nur einige Etagen höher. Dennoch ist der Schlußstrich bald gezogen. Am 5. April 1952 läuft Grohés Bewährungsfrist ab. Zurückgezogen in einem Haus in Köln-Brück, wird er wieder Kaufmann und vertreibt Geschenkartikel.

Bis zu seinem Tode bleibt Grohé seinem Führer treu ergeben. Die wenigen Historiker, denen der Greis in seinen letzten Jahren „Audienz“ gewährt, hören ihn von alten Zeiten schwärmen, von siegreichen Schlachten. Wie banal: Eine blau gepunktete Krawatte habe Adenauer an dem Tag getragen, als er, Grohé, ihn im Stadtrat poli-

Das Grab von Josef Grohé in Flur 11 in F. Mit ihm beerdigt sind seine Frau Hanny und Tochter Alwine.

tisch endgültig erledigt habe. Daß ihn in den siebziger Jahren eine Kölner Stammtischrunde wiedererkannte und ihm den Nazi-Gruß entbot, war für den Ewiggestrigen einer der Höhepunkte seines Nachkriegslebens. Grohé, der 1936 aus der Kirche ausgetreten war, verehrte nur einen Gott: Adolf Hitler.

Verzeichnis der Gräber

Das Verzeichnis vermittelt einen Überblick über den Friedhof und seine Gräber und erhebt keinen Anspruch auf Vollständigkeit. Vielmehr soll es Orientierungshilfe und praktische Anleitung für Spaziergänge über den Friedhof sein, indem es markante Gräber des Friedhofs zeigt. Es wurden solche Grabstellen ausgesucht, die wegen der dort ruhenden Persönlichkeiten, ihrer architektonischen und/oder künstlerischen Leistungen oder wegen ihrer Geschichten erwähnenswert schienen.

Die Kennzeichnung der Lage bezieht sich auf den offiziellen Plan des Friedhofsamtes, der sich auf der Innenseite des Buchumschlages befindet. Es wurde versucht, eine möglichst genaue Lokalisierung der Gräber zu erreichen, wobei allerdings auf die Nennung der Grabnummern verzichtet wurde. Da diese nicht an den Gräbern angebracht sind, hätte dies für die Suche ohnehin keinen Nutzen gehabt. So muß man insbesondere bei den Gräbern, die nicht an den Wegen, sondern in Fluren liegen, ein wenig suchen. An den Ecken der Flure finden sich in der Regel grob behauene Steine, in die die Flur- bzw. Wegenummern eingemeißelt sind. Diese sind allerdings teilweise schon sehr verwittert, so daß das Lesen nicht immer ganz leicht fällt.

Die Abkürzung *Lit.* (= Littera, lat. „Buchstabe"), bezeichnet die Buchstaben der Wege auf Melaten. Mit *HWG* ist der in Nord-Süd-Richtung verlaufende Hauptweg gemeint, der vom Eingangstor an der Aachener Straße her zu erreichen ist. *MA* steht als Abkürzung für den in Ost-West-Richtung verlaufenden Hauptweg, im Volksmund „Millionenallee" genannt. Allein diese beiden Wege sind wegen der Pracht ihrer Grabmale und der zum Teil prominenten Personen, die dort beerdigt sind, einen Spaziergang auf Melaten wert.

Nach einer kurzen Orientierungsphase findet man sich trotz der zunächst verwirrend erscheinenden Flur- und Wege-Anordnung recht gut zurecht.

ADENAUER, Familiengrab
Flur 20 in E

In diesem Grab liegen u.a. der Bruder von Konrad Adenauer, August Adenauer, und die ehemalige Stadtkonservatorin Hanna Adenauer. Die Eltern des Alt-Bundeskanzlers, Helene und Konrad Adenauer, waren ursprünglich in Flur 60a beigesetzt. Ihr Sohn veranlaßte allerdings im Jahre 1948, nach dem Tod seiner 2. Ehefrau Gussie, die auf dem Waldfriedhof in Rhöndorf beerdigt wurde, daß auch seine Eltern dorthin überführt werden sollten. So zeigt die Inschrift auf dem Grabmal im Grunde eine falsche Information. Geblieben sind in diesem Grab zwei Schwestern des Bundeskanzlers, Elisabeth und Emilie. Ein weiteres Grab der Familie liegt in Flur 2 in M.

ALBERMANN, Wilhelm (1835–1913)
Lit. L, zwischen Lit. Q und Mauer

Wilhelm Albermann war Bildhauer und Mitglied im Kölner Stadtrat. Er schuf u.a. die Sitzstatue von Wallraf/Richartz und den Jan-van-Werth-Brunnen auf dem Altermarkt sowie viele Grabmäler auf Melaten. Der Entwurf für das Grabmal, in dessen Giebel ein Bronzerelief mit dem Jüngsten Gericht zu sehen ist, stammt vermutlich von ihm selbst oder von einem seiner Söhne.

ANHEISSER, Wolfgang (1929–1974)
MA, direkt am Kriegerdenkmal, zwischen HWG und Lit. G (s. Seite 72)

BAARGELD, Theodor (1892–1927)
Flur 73 a

Der Kölner Dadaist Theodor Baargeld (bürgerlicher Name Alfred F. Gruenwald) war mit dem Maler Max Ernst befreundet, der ihn in seinem berühmten Bild „Au rendez-vous des amis“, das sich im Museum Ludwig in Köln befindet, verewigt hat. Ursprünglich stand auf dem Grab die Skulptur eines Jungen. Diese wurde im Krieg zerstört.

BACHEM, Joseph (1821–1893)
Flur V, parallel zu Lit. P liegend

Joseph Bachem war Gründer-Verleger der *Kölnischen Volkszeitung*.

BECKER, Hermann (1820–1885)
HWG, an Flur R 1, zw. Lit. M und T

An den Kölner Oberbürgermeister von 1875–1885 erinnert ein Grabmal von Hermann Otto Pflaume, das von der Colonia (Entwurf: W. Albermann) gekrönt wird. In der Amtszeit Beckers begann die große Erweiterung der Stadt.

BLATZHEIM, Hans Herbert (†1968)
MA, an Flur 67 A

Vom Firmensitz am Kartäuserwall leitete Blatzheim bis in die sechziger Jahre den bedeutendsten gastronomischen Konzern Deutschlands. Zur Blatzheim AG gehörten u.a. anderem die „Bastei" und der „Kaiserhof" in Köln. In zweiter Ehe war Blatzheim mit der Schauspielerin Magda Schneider verheiratet. Stieftochter Romy („Sissi") war der Beerdigung auf Melaten ferngeblieben. Dennoch fand sich mit Harald Juhnke, Gert Fröbe und Joachim Fuchsberger viel Filmprominenz ein, um ihm die letzte Ehre zu erweisen.

BÖCKLER, Hans (1875–1951)
Flur 60 A, am Rondell zur MA

Hans Böckler war nach dem Krieg Vorsitzender des Deutschen Gewerkschaftsbundes, vor dem Krieg Reichstagsmitglied für die SPD. Böckler betrieb den Wiederaufbau der Gewerkschaften nach dem Krieg und strebte deren einheitliche Zusammenfassung im DGB an. Das Grabmal des Kölner Ehrenbürgers zeigt ein Zahnrad auf einer Kegelwelle und deutet in seiner Symbolik vor allem auf die Tätigkeit Böcklers als Gewerkschaftsführer hin.

BOISSERÉE, Bernhard (1773–1845)
HWG, an Flur 16, zwischen Lit. A und B

Boisserée war Schiffahrtsagent und Mitbegründer der Rheinisch-Preußischen Dampfschiffahrtsgesellschaft, Sägewerksbesitzer und Stadtverordneter. Zur Familie Boisserée gehören auch die berühmten Kunstsammler Sulpiz und Melchior B., die in Bonn beerdigt sind.

zur BONSEN, Rudolf Walter Mathias Maria (1886–1952)
MA, zwischen Lit. V und W

Zur Bonsen war von 1933–1934 Regierungspräsident in Köln. Er wurde auf Druck der Nazis aus diesem Amt entfernt, wurde danach allerdings noch einmal Regierungspräsident von Stettin, nachdem sich vor allem die ausländische Presse sehr mißbilligend zur Amtsentfernung geäußert hatte.

BROELSCH, Caspar (1812–1884)
HWG, an Flur F

Dieses von W. Albermann geschaffene Grabmal mit seinen rechts und links von einem kleinen Sarkophag sitzenden Todesengeln und dem zentralen Christus-Medaillon stellt ein sehr schönes Beispiel für die im 19. Jahrhundert populäre Todes-Symbolik dar, von der sich auf Melaten viele Beispiele finden. An der linken Seite befindet sich zu Füßen des Engels die Signatur „W. Albermann fec."

BROICHSCHÜTZ, August (1822–1874)
Lit. A, zwischen Lit. H und J, an der Friedhofsmauer zur Aachener Straße

Interessant ist dieses in sehr schlechtem Zustand befindliche Grab wegen der Verwendung des Säulenofens, der zum Grabmal umfunktioniert wurde und zeigt, wie sich mit handwerklichem Geschick auch aus einem profanen Gegenstand ein respektables Grabmal schaffen läßt. Von dem Säulenofen sind leider nur noch die rostigen Überreste zu sehen, und die Inschrift auf der Platte, die statt des Ofendeckels dem Ofen eingesetzt wurde, ist nicht mehr zu entziffern.

BÜRGERHOSPITAL, Barmherzige Schwestern des
MA, zwischen Lit. G und R

Das Kreuz auf dieser Grabstelle stammt vom Friedhof der St. Brigiden-Kirche, die sich in der Nähe von Groß St. Martin befand. Es wurde nach der Schließung des Friedhofs im Zuge der Neuordnung des Kölner Bestattungswesens nach Melaten gebracht und erhielt im 19. Jahrhundert einen neuen Sockel, der auf die besonderen Verdienste der Barmherzigen Schwestern während der Cholera-Epidemie von 1849 hinweist.

BURAUEN, Theodor (1906–1987)
MA, zwischen Lit. G und R ***(s. Seite 100)***

CAMPHAUSEN, Gottfried Ludolf (1803–1890)
Lit. L, an Flur R

Camphausen war Bankier in Köln und von März bis Juni 1848 preußischer Ministerpräsident.

CLARENBACH, Adolph
FLIESTEDEN, Peter von
MA, nahe Trauerhalle

Sie wurden am 28. 9. 1529 wegen ihres Glaubens auf dem Scheiterhaufen verbrannt. Zu ihrem Gedenken wurde ein Stein von dem Bildhauer Calleen geschaffen, der an der MA, unweit der Trauerhalle an der Piusstraße, steht.

CLOUTH, Franz (1838–1910)
MA, zwischen HWG und Lit. G

Clouth gründete 1862 die Rheinische Gummiwarenfabrik, die heutigen Clouth-Werke, Niehler Straße. Die Grabstelle, die von zwei weiblichen Figuren gekrönt wird, ist eines der bedeutendsten Beispiele auf Melaten für den Jugendstil.

DEICHMANN, Familiengrab
MA, zwischen HWG und Lit. G

Der hier beigesetzte Wilhelm Ludwig Deichmann (1798–1876) war Bankier in Köln und Mitbegründer der Deutschen Bank. Bei dieser Grabstelle handelt es sich um das längste Familiengrab auf Melaten (ca. 16 m). Im Volksmund nennt man das Grab daher „Kegelbahn". Die Architektur des Grabes stammt von H. O. Pflaume, der ebenfalls auf Melaten begraben ist. Die bildhauerischen Details wurden von W. Albermann geschaffen (Abb. Seite 28).

DELIUS, Daniel Heinrich (1773–1832)
HWG, an Flur 17, zwischen Lit. B und C

Das ursprüngliche Grabmal des Regierungspräsidenten Delius wurde zerstört und durch den Obelisken ersetzt. Das Relief wurde von dem Künstler P. J. Imhoff, der auch auf Melaten begraben ist, geschaffen.

DELTGEN, René (1909–1979)
Flur 34, an Lit. D (s. Seite 76)

DEQUER DE JOUY, Jean Louis (1770–1834)
Lit. C, zwischen HWG und Lit. H

Dieses Grabmal gehört zu den ältesten auf Melaten und befindet sich in einem sehr verwitterten Zustand. Begraben ist hier ein Beamter der französischen Besatzungstruppen: Der Postdirektor von Köln – „Directeur des Postes à Cologne".

DOMKAPITEL, Grabmal
HWG, an Flur 19, zwischen Lit. D und E

Der Entwurf für dieses Grab für die Geistlichen der Hohen Domkirche wurde vermutlich vom Dombaumeister Zwirner entworfen, unter dessen Leitung der Kölner Dom vollendet wurde. Zwirner ist ebenfalls auf Melaten begraben.

DUMONT, Marcus (1784–1831)
HWG, an Flur 16, zwischen Lit. A und B

Der auf dem Grab befindliche Stein wurde 1962 als Ersatz für das zerstörte gußeiserne Kreuz aufgestellt, das ehemals an dieser Stelle stand. Marcus DuMont war der Gründer der *Kölnischen Zeitung*.

DUMONT, Michael Joseph, Prof. Dr. jur. (1746–1818)
HWG, an Flur 14 (J), zwischen Lit. B und C (Abb. Seite 17)

Dieses von Ferdinand Franz Wallraf entworfene Grabmal erinnert an den Dompfarrer DuMont, der am 29. Juni 1810 die Einsegnung des Friedhofs vornahm. Das Grabmal ist schon stark verwittert, doch läßt sich die Vita des Geistlichen anhand der Inschrift noch nachvollziehen.

ECKERT, Christian (1874–1952)
Flur 54, gegenüber Flur 55

Eckert war der erste Rektor der nach dem Ersten Weltkrieg wiederbegründeten Kölner Uni im Jahre 1919. Zwischen 1946 und 1949 war er Oberbürgermeister von Worms.

EICHHORN, Karl-Friedrich (1782–1854)
Lit. O, zwischen Lit. K und L

Eichhorn war ordentlicher Professor für Kirchen- und Staatsrecht an der Universität Köln und Mitbegründer der „Historischen Rechtschule".

ERNST, Carl (1806–1880)
HWG, an Flur 18

Carl Ernst war Gründer des Excelsior-Hotels am Dom. Die Kölner Familie Dickhoff übernahm die Patenschaft für dieses Grab, womit ihr die Pflege obliegt. Die Patenschaft beinhaltet auch das Recht, an dieser Stelle beerdigt zu werden.

FARINA, Familiengrab
HWG, an Flur K, zw. Lit. A und Lit. B

Die Grabplatte von Johann Maria Farina (1685–1766), die sich auf dem Grab befindet, weist aus, daß der Erfinder des Eau de Cologne in diesem Familiengrab der Farinas ebenfalls seine letzte Ruhestätte gefunden haben soll, was allerdings nur das Ergebnis einer Umbettung sein kann. Der hier ruhende Johann Baptist Farina war Kölner Fabrikant und leitete die weltberühmte Kölnisch-Wasser-Fabrik.

FAUST, Arnold (1918–1984)
Flur 64 (s. Seite 92)

FISCHER, Adolf (1856–1914)
Flur 76 A, an Lit. L

Fischer war Schriftsteller und Volkskundler. Große Verdienste erwarb er sich als Stifter und Gründer des Museums für Ostasiatische Kunst am Aachener Weiher. Die Inschrift bezeugt die Dankbarkeit der Stadt Köln:

Adolf Fischer
Frieda Fischer
Stifter des Museums für
Ostasiatische Kunst
die dankbare Stadt
Köln
13. IV. 1914
23. XII. 1945

Das zweite Datum steht für den Todestag von Frieda Fischer, die nach dem Tod ihres Mannes die Leitung des Museums übernahm.

FRIEDHOFSKREUZ, altes
HWG, zwischen Flur 18 und Flur H

Das Kreuz aus Sandstein nach einem Entwurf des Künstlers Vincenz Statz stammt von 1850.

FRIEDHOFSKREUZ, neues
Lit. D, zwischen Flur 55 und Flur 56

Dieses neoromanische Kreuz ist zwar nicht präzise zu datieren, doch dürfte es zwischen den Jahren 1903 und 1904 entstanden sein. Es war ebenso wie das alte Friedhofskreuz Gegenstand herber Kritik von vielen Seiten, die sich vor allem auf die Form der Auftragsvergabe wie auch auf die Ausführung der beiden Kreuze bezog. Die Lektüre der Akten im Historischen Archiv der Stadt Köln läßt in beiden Fällen „Kölschen Klüngel" vermuten, da die bei der Auftragsausschreibung und -erteilung üblichen Usancen offenbar nicht eingehalten wurden.

FRÜH, Peter Joseph (1862–1915)
Flur 72 A, gegenüber Flur 76 A

Peter Früh war Inhaber einer Brauerei in Köln. In einem als Fassade angelegten Mausoleum steht eine Zweiergruppe, bestehend aus einer Frau und einem in den Himmel wei-

senden Engel. Der Fingerzeig des Engels ist allerdings nicht mehr nachzuvollziehen, da diesem der rechte Arm fehlt. Der fehlende Arm soll im Zuge einer Restaurierung wieder ersetzt werden. Die Figuren sind aus Marmor und weisen neben den Zerstörungen schon Verwitterungserscheinungen auf, ebenso wie die aus Muschelkalk gebaute Architektur.

GASEXPLOSION, Denkmal für die Opfer der
Flur W 1, an Lit. Q, zwischen Lit. L und M

Am 31. März 1851 explodierte aus bislang ungeklärten Gründen am Kartäuserwall in der Südstadt das Laboratorium des Artillerie-Pulvermagazins. 20 Menschen starben bei diesem Unglück.

GÖRLINGER, Robert (1888–1954)
Flur 60 A

Görlinger war Stadtverordneter von Köln, danach Landtagsabgeordneter, und seit 1949 Mitglied des Bundestages. Von 1949 bis 1954 war er Oberbürgermeister von Köln.

GRONEWALD, Johann Joseph (1804–1873)
Flur 30, an Lit. B., zwischen Lit. G und R

Gronewald war der Direktor der Kölner Taubstummenschule. Die Stadt Köln, die Taubstummenschule und seine Freunde setzten ihm zum Andenken dieses Grabmal, dessen Inschrift auf seine großen Verdienste hinweist. Über der Inschrift befindet sich ein sehr schönes, von A. Werres geschaffenes Relief.

GROHÉ, Josef (1902–1987)
Flur 11 in F (s. Seite 105)

GRÜNEBERG, Dr. Hermann (1827–1894)
MA, an Flur 70

Der in Stettin geborene Industrielle gründete mit Julius Vorster in Kalk die Chemische Fabrik Kalk. Der in dramatischer Geste zum Himmel weisende Engel hält mit seiner linken Hand einen Palmzweig und ein Portrait des Verstorbenen.

GUILLEAUME, Franz Carl (1789–1837)
MA, zw. Lit. G und R (s. Abb. Seite 28)

Der aus Solingen stammende Fabrikant gründete zusammen mit Johann Theodor Felten die Firma Felten & Guilleaume in Köln-Mülheim, die noch heute in Köln ansässig ist.

HAGEN, Louis (1885–1932)
MA, an Flur 67

Das Grabmal des Kölner Bankiers, Stadtverordneten, IHK-Präsidenten und preußischen Staatsrats Louis Hagen erinnert mit seinen monumentalen Dimensionen und mit den martialischen Löwen, die es flankieren, schon eher an ein Kriegerdenkmal als an eine private Grabstätte. Der über 3 m hohe Sarkophag trägt ein von Hugo Lederer geschaffenes Relief, eine Dreiergruppe aus der griechischen Mythologie. Besonders das Relief weist schon sehr deutliche Spuren von Verwitterung auf.

HEIMANN, Joh. Philipp (1779–1832)
Flur 20 in E, an Lit. E, zwischen HWG und Lit. G

Heimann war Mitbegründer der Köln-Düsseldorfer Handelsschifffahrtsgesellschaft und Präsident des Kölner Handelsgerichts.

HERSTATT, Friedrich Johann David (1831–1888)
Flur 27 (Z), an Lit. D, zwischen Lit. R und G

Eines von zwei Gräbern der Familie Herstatt auf Melaten. Der hier begrabene Bankier war Präsident der Kölner Handelskammer. Sein Grabmal ist ein schönes und gut erhaltenes Beispiel der Grabkunst der Neorenaissance, wobei insbesondere der theatralische, zum Himmel gerichtete Blick des Engels auffällt. In diesem Grab ist auch der 1995 verstorbene Bankier Ivan D. Herstatt beigesetzt. Das andere Grab der Familie Herstatt liegt am HWG, ist aber nicht so eindrucksvoll.

HERSTATT, Friedrich Peter (1775–1851) und HERSTATT, Johann David (1805–1879)
HWG, an Flur 17, zwischen Lit. B und C

HORTEN, Familiengrab
MA, zwischen Lit. V und W

Horten war Senatspräsident am Oberlandesgericht Köln und Vater des Kaufhauskönigs Helmut Horten.

IMHOFF, Wilhelm Joseph (1791–1858)
Flur 6 in Q, parallel zu Lit. O

Imhoff war in Köln tätiger Bildhauer, dessen Arbeiten an vielen Grabmalen auf Melaten zu sehen sind.

JAMBGA (1882–1898)
Flur 17 (Grab existiert nicht mehr)
(s. Seite 37)

JENKINS, Billy (1885–1954)
Flur 55, an Lit. D (s. Seite 55)

JOEST, Carl Wilhelm (1786–1848)
HWG, an Flur 15, zwischen Lit. A und B

Der Fabrikant betrieb in Köln eine Zuckerfabrik. Sein Grabmal erinnert in Art und Ausfertigung an den vermutlich von Ernst Zwirner entworfenen Fialturm für das Domkapitel. Es trägt eine Signatur „Daners".

KAESEN, Wilhelm (1816–1887)
MA, zwischen HWG und Lit. P

Kaesen war Kaufmann und Stadtverordneter in Köln. Auf seine Initiative geht die Gründung des Volksgartens zurück; die in der Nähe des Volksgartens verlaufende Kaesenstraße ist nach ihm benannt.

von KEMPIS, Maximilian Joseph Maria (1757–1823)
Flur H, an Lit. C, zw. HWG und Lit. H

Das Grab des Kölner Senatsmitgliedes von Kempis stammt aus der Frühzeit des Friedhofs und ist sehr gut erhalten. In der Inschrift wird sein Lebenswerk gewürdigt.

KEUN, Irmgard (1910–1982)
Flur 12 in G (G), parallel zu Lit. E
(s. Seite 82)

von KLESPE, Anton Reiner (1744–1818)
Flur O, an Lit. D, zwischen Lit. H und J
(Abb. Seite 14)

Von Klespe war zur Zeit der Besetzung Kölns durch die französischen Truppen Kölner Bürgermeister. Er soll den napoleonischen Soldaten entgegengeeilt und ihnen den Stadtschlüssel überreicht haben. Köln fiel kampflos an die Franzosen.

KOERFER, Jacob Servae Hubert (1875–1930)
MA, zw. HWG und Lit. P (s. Seite 40)

KRIEGERDENKMAL von 1866
Kreuzung zw. MA und HWG (Abb. Seite 26)

KRIEGERDENKMAL von 1870/71
HWG, zwischen Lit. M und S

Dieses Denkmal wurde „Zum Andenken an die zu Coeln in Folge des Krieges 1870/71 verstorbenen

Söhne Deutschlands" errichtet. In unmittelbarer Nähe des Denkmals befinden sich die Gräber der Kölner Fliegeropfer und die Gräber der Gefallenen des Ersten Weltkriegs.

Vor den Gräbern der Fliegeropfer liegen die Gräber von drei Feuerwerkern, die 1952 beim Entschärfen einer Bombe umkamen.

KRIEGERDENKMAL für die im napoleonischen Heer gefallenen Kölner
HWG, Ecke Lit. D (Abb. Seite 25)

Dieses Denkmal wurde im Jahre 1853 errichtet.

KRIEGERDENKMAL für die in Köln gestorbenen französischen Soldaten des Krieges von 1870/71
Lit. T, zwischen HWG und Lit. O

LEISTEN, Ferdi (1914–1995)
LEISTEN, Ferdi (1886–1945)
LEISTEN, Emma (1883–1950)
Flur 12 in G

Auf dem Grabstein sind die Eltern des 1995 verstorbenen Karnevalisten und Ehrenpräsidenten des Festkomitees verewigt, während auf ihn selbst bisher nur ein kleines Holzkreuz hinweist.

LANGEN, Johann Jacob (1794–1869)
LANGEN, Eugen (1833–1895)
HWG, zwischen Lit. E und F

Johann Langen ist Gründer der Zuckerfabrik J. J. Langen & Söhne. Das Grabmal weist ihn als Stifter des Familiengrabs der Familie Langen aus. Sein Sohn war Kompagnon von Motor-Erfinder Otto und der geistige Vater und Gründer der Wuppertaler Schwebebahn, der sogenannten „einschienigen Schwebebahn System Langen".

de LATTE, Louis (1799–1811) und de LATTE, Adolphe François Xavier Napoléon (1809–1811)
HWG, an Flur 17, zwischen Lit. B und C

Ein frühes Grab aus der Gründerzeit des Friedhofs, das auf den Scharlachtod zweier Kinder hinweist, wie die dreisprachige Inschrift an den Seiten des Obelisks berichtet.

LIESSEM, Thomas (1900–1973)
Flur 35

Liessem war lange Jahre eine der zentralen Figuren des Kölner Karnevals. Als Ehrenpräsident des Festkomitees verteidigte er den Karneval vor dem Zugriff der Nazis. Liessem war Taufpate von Tommy Engel (ehemals „Bläck Fööss").

MARTIN, Maria Clementine genannt „Klosterfrau" (1775–1843)
Flur 1 in L, an Lit. J, zwischen Lit. H und J

Maria Clementine Martin war Ordensschwester und mußte nach der Säkularisierung das Kloster verlassen. Ihre erworbenen medizinischen Kenntnisse nutzte sie zur Erfindung des „Melissengeistes" und gründete die noch heute existierende Firma „Klosterfrau".

MARX, Wilhelm (1863–1946)
Lit. F zwischen Lit. V und W, an der Rückseite der MA (s. Seite 51)

MEISTER, Simon (1800–1844)
Flur 1 in L, an Lit. J, zw. Lit. A und B

Meister war ein bedeutender Portrait- und Historienmaler seiner Zeit und ist mit mehreren Werken in rheinischen Museen vertreten, auch im Kölner Wallraf-Richartz-Museum.

MEISTERMANN, Georg (1911–1990)
Flur 11 in F

Meistermann war ein bedeutender Maler und Bildhauer. Nach dem Studium in Düsseldorf bei Nauen und Mataré erhielt er im Jahre 1934 Ausstellungsverbot von den Nazis. Nach dem Krieg, in dem nahezu sein gesamtes Œuvre zerstört wurde, fand er schnell Anschluß an die abstrakte Malerei des Nachkriegs-Deutschland. Er malte u.a. das Portrait von Willy Brandt für das Bundeskanzleramt, das später nach kontroversen Diskussionen entfernt wurde. Der Entwurf zum Grabstein auf Melaten stammt von ihm selbst. Die Fenster von St. Gereon und die Fenster im Seitenschiff der Marienkirche in Köln-Kalk sind nach Entwürfen von Georg Meistermann gestaltet worden und stellen eine sehr persönliche Synthese aus gegenständlicher und abstrakter Komposition dar.

MERKENS, Peter Heinrich (1777–1854)
HWG, an Flur 12 in G, zw. Lit. D und E

Merkens war Kölner Unternehmer und Bankier und einer der Mitbe-

gründer der Dampfschiffahrt auf dem Rhein. Die Büste trägt die Signatur „Mohr fec. 1856“, was auf Christian Mohr hinweist. Josef Abt schreibt die Architektur dem Kölner Architekten Johann Anton Wallée zu.

von MEVISSEN
von STEIN, Grab beider Familien
HWG, an Feld 20 in E, zwischen Lit. E und F

Auf den Geheimen Kommerzienrat von Mevissen, Ehrenbürger der Stadt Köln, geht die Gründung der Kölner Handelshochschule zurück. Die Familie von Stein ist eine bekannte Kölner Bankiersfamilie.

MILLOWITSCH, Familiengrab
Flur 72 a

Peter und Käthe Millowitsch waren Volksschauspieler und die Eltern von Willy Millowitsch.

MUYS, Horst (1925–1970)
Flur 24, an der Ecke von Lit. L und Q
(s. Seite 67)

MÜLLEMEISTER
(Lebensdaten nicht bekannt)
Flur 82

Das wohl bekannteste Grab des Friedhofs, das vor allem Kinder heftig erschreckt, weshalb Eltern ihren Kindern bei Ungehorsam oft mit dem Erscheinen des Sensenmannes drohten.

Nay, Ernst-Wilhelm (1902–1968)
Flur 43

Nay war ein bedeutender deutscher Maler, der vor allem dem abstrakten Expressionismus zugerechnet wird. In der Nazi-Zeit mit Ausstellungsverbot belegt, finanzierte ihm Edvard Munch eine Skandinavienreise, in deren Verlauf Nays berühmte Lofoten-Bilder entstanden. Nays Werke sind in vielen internationalen Museen ausgestellt.

NEVEN-DUMONT, Familiengrab
Flur 63 A, gegenüber Flur 60 a

Grabstelle der Kölner Verlegerfamilie Neven-DuMont.

NIEDIECK, Charlie (1930–1992)
Flur 28

Niedieck war Bassist im bekannten Kölner Eilemann-Trio. Zu der Beerdigung des Kölner Originals kamen mehr als 2.000 Menschen. Die auf dem Grabstein stehende Stahlplastik wurde von dem Künstler F. Engstenberg geschaffen und trägt den Titel „10 cm über dem Rhein".

OELBERMANN, Emil (1833–1897)
MA, an Flur 70

Leider befindet sich das Grabmal des Kölner Kaufmanns Oelbermann in einem fortschreitenden Zustand der Verwitterung und Zerstörung. Es muß als eines der aufwendigsten Beispiele dafür angesehen werden, wie die Bedeutung des Toten zu Lebzeiten auch über den Tod hinaus dokumentiert werden sollte. Geschaffen wurde es im Jahre 1898 von Karl Janssen, dessen Signatur sich am Grabmal findet.

von OPPENHEIM, Familiengrab
HWG, an Feld T, zwischen Lit. K und L

Die Familie von Oppenheim war und ist eine bedeutende Bankiers-Dynastie, von der viele Impulse für die Entwicklung der rheinischen Wirtschaft ausgingen. Das ursprüngliche Grabmal der Familie ging durch Kriegszerstörung verloren. Eine Inschrift an der linken Seite des linken Grabsteins weist auf diese Zerstörung hin.

OSTERMANN, Willi (1876–1936)
Flur 29, an Lit. R, zwischen Lit. B. und C

Der Kölner Volkskünstler, Dichter, Liedermacher und Komponist kölscher Evergreens wie „Ich möch zo Foß noh Kölle jonn" wurde von der Stadt Köln mit einem Ehrengrab und einem Ehrenbegräbnis bedacht.

OTTO, Nicolaus August (1832–1891)
Flur 14, Ecke HWG (s. Seite 34)

PALLENBERG, Franz (1808–1895)
MA, zwischen HWG und Lit. P

Franz Pallenberg war Gründer und Leiter einer zu ihrer Zeit berühmten Möbelfabrik, die vor allem durch die industrielle Verwendung der Furniertechnik Berühmtheit erlangte. Ein weiteres Grab der Pallenberg-Familie befindet sich ebenfalls an der MA, zw. Littera O und J, wo Franz Jakob Pallenberg bestattet ist, der auch als Möbelfabrikant wirkte.

PASTÖRE, Kölner, Gemeinschaftsgrab
MA, an Flur 68

Das dreiteilige Grabmal zeigt als Zentralfigur Petrus mit dem Schlüssel und dem umgekehrten Kreuz. Am rechten und linken Rand des Grabes stehen zwei Engel, von denen der linke schon seinen Kopf verloren hat. Insgesamt zeigt das Grab starke Verwitterungsspuren. Eine Platte in der Mitte des Grabmals trägt die Inschrift „Parochi Coloniensis Expectantes Resurrectionem" (Kölner Pastöre in Erwartung der Erlösung).

Ein weiteres Gemeinschaftsgrab auf dem Melatenfriedhof liegt ebenfalls an der Millionenallee, zwischen Littera O und dem Hauptweg. Es ist für die Pfarrer der Kölner Altstadt angelegt.

PEILL, Robert (1817–1877)
HWG, an Flur 20 in E, zw. Lit. E und F

Robert Peill war Kaufmann und Stadtverordneter zu Köln. Lokale Berühmtheit erreichte er durch den Kölner Zoo, dessen Gründung auch seiner Initiative zu verdanken ist.

PFARRER, der Kölner Altstadt (1880–1942), Gemeinschaftsgrab
MA, zwischen HWG und Lit. O

PFLAUME, Hermann Otto (1830–1901)
MA, an Flur 70 a

Der Architekt entwarf den ersten Kölner „Central-Personenbahnhof", der 1859 in Betrieb genommen wurde. Er ist der Ur-Großvater des TV-Moderators Kai Pflaume. Das Profilrelief des Verstorbenen wurde von W. Albermann geschaffen.

PÜNDER, Hermann Dr. jur. (1888–1976)
Lit. J, zwischen Lit. C und D

Pünder war in den zwanziger und dreißiger Jahren Staatssekretär und Chef der Reichskanzlei. Das CDU-Mitglied war auch Mitglied des Deutschen Bundestages und in den Jahren 1945 bis 1948 Oberbürgermeister von Köln.

RÄDERSCHEIDT, Anton (1892–1970)
Flur 16

Anton Räderscheidt war Maler und gilt als einer der wichtigsten Vertreter der Kunstrichtung der „Neuen Sachlichkeit". Seit dem Jahre 1921 war Räderscheidt als Kunsterzieher in Köln tätig. 1935 emigrierte er über die Schweiz und Großbritannien nach Frankreich, um erst im Jahre 1949 nach Köln zurückzukehren. Berühmt wurde Räderscheidt mit seinen Bildern von steif nebeneinander angeordneten Paaren, zwischen denen jede Kommunikation abgebrochen zu sein scheint. Die Räume, in denen sich seine Personen bewegen, sind leer, seine Figuren werfen auf beunruhigende Weise keine Schatten.

RAUTENSTRAUCH, Eugen Adolf Wilhelm (1879–1956)
MA, zwischen HWG und Lit. P

Der Kölner Kaufmann war der Gründer und Stifter des Rautenstrauch-Joest-Museums für Völkerkunde am Ubierring.

REICHENSPERGER, August (1808–1895)
Lit. F, zwischen HWG und Lit. H

August Reichensperger war Appellationsgerichtsrat in Köln sowie Reichstagsmitglied für die von ihm mitbegründete Zentrumspartei. Nach ihm ist der Reichenspergerplatz im Agnesviertel benannt.

RICHARTZ, siehe Wallraf

RICHTER, Albert (1912–1940)
Flur E 8 (s. Seite 45)

RIPHAHN, Wilhelm (1889–1963)
Lit. V, zwischen Lit. E und F

Riphahn war Architekt und entwarf unter anderem das Kölner Opernhaus, die Bastei und das „Wiso-Hochhaus" der Universität.

SANDER, August (1876–1964)
Flur 87

Der Kölner Fotograf August Sander schuf mit seinem Hauptwerk „Menschen des 20. Jahrhunderts" einen der bedeutendsten Beiträge zur Fotokunst unserer Zeit.

SAUER, Alfred (1856–1907)
Flur 76 A, gegenüber von Flur 72 a, am Rondell der MA

Das Grabmal des Bergwerksbesitzers Alfred Sauer mit seinem sterbenden Grabmann, der über dem stilisierten Grubeneingang völlig entkräftet auf die Knie fällt, gehört zweifellos zu den eindrucksvollsten Grabmälern auf dem Melatenfriedhof, in denen versucht wird, die berufliche Bedeutung und Bestimmung des Toten schon zu Lebzeiten darzustellen.

SCHMIDT, Gérard (1945–1995)
Flur 64

Schmidt war Autor und Leiter des Hänneschen-Theaters. Er schrieb das Buch „Kölsche Stars".

SCHMITZ, Jupp (1901–1991)
Flur X 1

Der Grabspruch des Komponisten und Karnevalisten Jupp Schmitz, „Am Aschermittwoch ist alles vorbei", ist der Titel seiner erfolgreichsten Komposition.

SCHNEIDER-WESSLING, Daniele (1959–1994)
an der Mauer neben Lit. J, hinter der Friedhofskapelle

Das Grab ist in seiner Gestaltung und in seinem Grabschmuck einzigartig auf Melaten. Bunte Bänder, farbige Bambusstäbe und Fahnen sowie ein Bild der Verstorbenen, die einer Bhagwan-nahen Sekte angehörte, schmücken das Grab.

SCHWERING, Ernst (1886–1962)
Flur D

Schwering war Rechtsanwalt in Köln und nach 1948 mehrfach Kölner Bürgermeister und Oberbürgermeister.

von SEYDLITZ, Friedrich Anton Florian (1777–1832)
Flur 14, an Lit. C, zwischen HWG und Lit. H

Der auf Melaten ruhende Friedrich von Seydlitz ist nicht mit dem preußischen General Friedrich Wilhelm von Seydlitz (1721–1773) zu verwechseln, der vor allem durch die Schlachten bei Roßbach und Zorndorf während des Siebenjährigen Krieges berühmt wurde, die er durch den Einsatz der Kavallerie entschied. Der hier ruhende Seydlitz war Kommandeur einer Infanterie-Einheit und lebte in Köln.

STATZ, Johann (1790–1860)
STATZ, Franz (1848–1930)
Lit. J., zwischen Lit. C und D

Johann Statz war Baumeister in Köln und ist Vater von Vincenz Statz. Der in diesem Grab ruhende Franz Statz ist wiederum der Sohn des Baumeisters Vincenz Statz. Auch er war Diözesanbaumeister in Köln.

STATZ, Vincenz (1819–1898)
MA, zwischen Lit. V und W

Statz war Kölner Diözesanbaumeister und Erbauer der Mauritiuskirche. Er schuf viele Grabmale auf Melaten.

von STEIN, siehe von Mevissen

STEINGASS, Toni (1921–1987)
Flur 29

Auf dem linken Teil des Grabsteins des berühmten Kölner Komponisten findet sich folgende Inschrift:

ES BLEIBEN UNS WOHL SEINE LIEDER
SIE PFLANZEN SEINEN NAMEN FORT
MAN WIRD SIE SINGEN IMMER WIEDER
LAND AUF – LAND AB – AN JEDEM ORT

Die rechte Seite des Steins zeigt eine Büste von Steingass und das Symbol der Komponisten, die Lyra.

STOLLWERCK, Ludwig (1857–1922)
Flur 73 A

An den Kölner Schokoladenfabrikanten Stollwerck erinnert eine riesige neoklassizistische Gruftanlage nach einem Entwurf von Carl Moritz.

STOMMELEN, Rolf (1943–1983)
Flur 72, gegenüber Flur 72 a (s. Seite 87)

STÜSSGEN, Anne Marie (1877–1956)
Flur 60

Ehefrau des Kaufmanns und Gründers der Handelskette Stüssgen, die heute zur ReWe-Gruppe gehört.

SVENSSON, Jón (1857–1944)
HWG, an Flur 19

Der Isländer Jón Svensson war Schriftsteller und ist vor allem wegen seiner Kinderromane mit dem Helden „Nonni" berühmt.

TRIMBORN, Cornelius Balduin (1824–1889)
MA, zwischen Lit. V und W

Trimborn war Landtags- und Reichstagsmitglied. Das Grabmal stammt von W. Albermann.

UHLENBRUCK, Paul (1897–1969)
HWG, an Flur V, zw. Lit. L. und M (s. Seite 60)

VERBEEK, Hans (1873–1954)
HWG, zwischen Lit. C und D

Verbeek war Architekt und Kölner Baudirektor. Von ihm stammen die Entwürfe der Deutzer Messehalle und des „Siebengebirges", der Lagerhallen am Rhein in der Südstadt.

WALLRAF, Ferdinand Franz (1748–1824)
RICHARTZ, Johann Heinrich (1795–1861)
HWG, an Flur 16, zwischen Lit. A und B, am Haupteingang Aachener Straße

Wallraf war Kanonikus und Kunstsammler, Richartz Häutegroßhändler, beide lebten in Köln. Wallraf

stiftete der Stadt seine Kunstsammlung, Richartz den ersten Museumsbau. Wenn das historische Grabmal die beiden auch im Handschlag zeigt, so haben sie sich in Wirklichkeit nicht gekannt. Der einfache Stein ist als Ersatz für das im Zweiten Weltkrieg zerstörte ursprüngliche Grabmal gesetzt worden.

WELSCH, J. J. (1833–1906)
Flur 29

Lehrer Welsch ist durch seine Tätigkeit in der Schule an der Kaygasse bekannt geworden (Karnevalsschlager „Dreimal Null ist Null").

WEYRES, Willy (1903–1989)
Flur L, an Lit. J

Willy Weyres war Dombaumeister zu Köln.

WILLIAMS, Familiengrab
Flur 12 in G

Carola Williams war die Chefin der großen Zirkus-Familie Williams-Althoff. An der Aachener Straße befand sich bis zum Jahre 1955 der Zirkusbau der Familie Williams, der für vielfältige kulturelle Veranstaltungen genutzt wurde.

WISSMANN, Heinrich (1853–1905)
Flur 60 A

Wissmann war Afrikaforscher und 1895/96 Gouverneur von Deutsch-Ostafrika.

von WITTGENSTEIN, Johann Heinrich Franz (1797–1869)
HWG, an Flur 14, zwischen Lit. B und C

Von Wittgenstein war Chef der Kölner Bürgerwehr, im Jahre 1848 für einige Monate Regierungspräsident und in den Jahren 1850 bis 1868 Stadtverordneter in Köln.

WOLFF, Otto (1881–1940)
HWG, an Flur S, zwischen Lit. L und M

Otto Wolff ist der Vater von Otto Wolff von Amerongen. Else von Amerongen (1867–1968) ist die leibliche Mutter von Otto Wolff von Amerongen, wurde aber nicht an

der Seite von dessen Vater bestattet, sondern gegenüber. Der Industrielle und Präsident des Deutschen Industrie- und Handelstages klärte das Rätsel um seine Herkunft in einem Tischgespräch des *Kölner Stadt-Anzeigers* folgendermaßen auf: „Wenn Sie mich nach meinem komischen Namen fragen, dann sage ich Ihnen, daß ich beinahe unehelich geboren wäre, wenn es mein Vater nicht geschafft hätte, einen Herrn von Amerongen zu bewegen, meine Mutter zu heiraten."

WREDE, Adam (1875–1960)
Flur 79

Volkskundler und Verfasser des dreibändigen Standardwerks zur Kölschen Mundart, „Neuer Koelnischer Sprachschatz".

ZWIRNER, Ernst Friedrich (1802–1861)
HWG, an Flur T, zwischen Lit. K und L

Zwirners Ägide als Dombaumeister begann im Jahre 1833. Nach seinen Plänen wurde der Bau des Domes 1880, fast 20 Jahre nach seinem Tod, vollendet. Eine schräg liegende wuchtige Granitplatte trägt ein Relief Zwirners, das von Christian Mohr geschaffen wurde.

Literaturverzeichnis

Abt, Josef/ Vomm, Wolfgang: *Der Kölner Friedhof Melaten*, Greven Verlag, Köln 1980

Beines, Johannes Ralf: *Friedhof Melaten*, in: Rheinischer Verein für Denkmalpflege und Heimatschutz (Hrsg.): Glanz und Elend der Denkmalpflege und Stadtplanung. Coeln 1906–2006, Köln 1981

ders.: *175 Jahre Kirchhof zu Melaten bei Coeln. 1810–1995*, Ausstellungskatalog der Stadtsparkasse Köln (Hrsg.), Köln 1985

Benz/ Graml: *Lexikon zur Weimarer Republik*, C.H. Beck, München 1988

Deschenaux, Jacques: *(Marlboro) Grand Prix Guide 1950–90*, Charles Stewart & Company Ltd., Brentfort U.K. (Erstauflage 1979)

Dietmar, Carl: *Die Chronik Kölns*, Harenberg Verlag, Dortmund 1992

dtv-Atlas zur Weltgeschichte, Band 2, München 1995

Eckert, Willehad Paul: *Kölner Stadtführer*, Wienand Verlag, 3. Auflage, Köln 1996

Bock, Hans-Michael (Hrsg.): *CineGraph Lexikon zum deutschsprachigen Film*, edition text + kritik GmbH, München 1984

Fuchs, Peter: *Theo Burauen 1906-1987, Texte, Bilder, Dokumente zur Erinnerung*, Stadt Köln, Presse + Informationsamt

Haftmann, Werner: *Ernst Wilhelm Nay*, DuMont Buchverlag, Köln 1991

Herzog, Günter: *Anton Räderscheidt*, DuMont Buchverlag, Köln 1991

Klemmer, Klemens: *Jacob Koerfer, Ein Architekt zwischen Tradition und Moderne*, scaneg Verlag, München 1987

Louis, Reinold: *Kölner Originale*, Greven Verlag, 2. Aufl., Köln 1986

Michalski, Sergiusz: *Neue Sachlichkeit*, Benedikt Taschen Verlag, Köln 1992

R. Morsey, hrsg. von Hugo Stehkämper: *Wilhelm Marx in Zeitgeschichte und Lebensbildern*. Aus dem dt. Katholizismus des 20. Jahrhunderts, Marx-Nachlass Stadtarchiv

Nieschlag, Robert/von Eckhardstein, Dudo (Hrsg.): *Der Filialbetrieb als System – das Cornelius-Stüssgen-Modell*, Köln 1972

Schäfke, Werner (Hrsg): *Oh! De Cologne/Die Geschichte des Kölnisch Wasser*, Wienand Verlag, Köln 1985

Schmidt, Gérard: *Kölsche Stars*, Wienand Verlag, Köln 1992

Schwering, Max-Leo: *Ein letztes Interview mit dem einstigen „Gauleiter" Josef Grohé*, in Kölner Museums-Bulletin 1/1988, Köln 1988

Jón Svensson: *Missionar der Freude*, in Jahrbuch des St.-Ansgarius-Werkes. Köln 1995

Vogt, Paul: *Geschichte der Deutschen Malerei im 20. Jahrhundert*, DuMont Buchverlag, Köln 1989

Wagner, Gabriela: *Memento Mori – Gedenke des Todes!* Hrsg. von KAIROS e.V., Köln 1995

Zentner/Würz (Hrsg.): *Reclams Opern- und Operettenführer*, Stuttgart 1985

Zerlett, Rolf: *Köln – Von den Römern bis heute*, Greven Verlag, Köln 1990

Bildnachweis

Verlag, Autor und Herausgeber danken allen Personen, die freundlicherweise Bildmaterial zur Verfügung gestellt haben.

Associated Press Bildarchiv, Frankfurt, Seite 87
Archiv M. DuMont Schauberg, Köln, Seiten 51, 67, 73, 106
Historisches Archiv der Stadt Köln, Seiten 13, 18, 55, 56
Historisches Museum, Frankfurt, Seite 37
Internationales Bahnradsport- Archiv, Köln, Seite 47
Keystone-Bildarchiv, Hamburg, Seite 65
Alfred Koch, Köln, Seite 93
Christof Krackhardt, Köln, Seiten 75, 90, 98, 113 links, 124
Edmund Labonté, Köln, Seite 123
Karl Lambertin, Köln, Seite 79
Josef Ley, Leverkusen, Seiten 40, 43
Dietrich Maguhn, Köln, Seite 100
NS-Dokumentationszentrum, Köln, Seite 46
Isolde Ohlbaum, München, Seite 83
Privatbesitz, Seiten 35, 60, 76, 96
Rheinisches Bildarchiv, Köln, Seiten 8, 12, 30 oben, 119
Walter Schiestel, Köln, Seite 89
Frank Trompetter, Köln, Seiten 2, 7, 11, 14, 15, 22, 25, 26, 27, 28, 30, 32, 36, 41, 48, 64, 81, 84, 102, 109, 110, 112, 113 rechts, 115, 118, 121, 122, 125, 126, 127, 128, 129, 130
Michael Wand, Leverkusen, Seite 94
Reiner Wirtz, Köln, Seiten 39, 53, 59, 70, 80, 95, 104

Ein Köln-Buch, herausgegeben
von Edmund Labonté und Werner Köhler

Die Deutsche Bibliothek – CIP Einheitsaufnahme

Demirci, Ayhan:
Melaten : Mythos und Legenden ; der berühmte Kölner
Friedhof in Geschichten und Anekdoten / Ayhan Demirci.
Mit einer Einl. von Stefan Pohl. Hrsg. von Edmund Labonté
und Werner Köhler. – Köln : Wienand, 1996
ISBN 3-87909-479-9

Lektorat, Gestaltung & Satz: Thomas Heider, Bergisch Gladbach
Gesamtherstellung: Druck- & Verlagshaus Wienand, Köln

Abb. Titel: Grabmal Gustav Brandt (Lebensdaten unbekannt),
an der MA, zwischen HWG und Lit. P.
Foto: Jörg Becker

Informationen zum Friedhof Melaten

• Öffnungszeiten
Täglich von 7 - 19 Uhr geöffnet.

• Eingänge
Es gibt insgesamt fünf Eingänge:
- Haupteingang Aachener Straße (an der KVB-Haltestelle)
- Nebeneingang Aachener Straße (zur Oskar-Jäger-Straße hin)
- Piusstraße
- Weinsbergstraße
- Melatengürtel

Daneben gibt es an der Aachener Straße, in der Nähe der Friedhofskapelle, einen weiteren Eingang, der im Grunde aber nur dem Zugang zur dort ansässigen Friedhofsverwaltung dient.

• Verkehrsanbindung
Zu erreichen ist der Friedhof am besten mit der KVB. Die Linie 1 führt über die Aachener Straße auf direktem Wege zum Friedhof, Haltestelle Melaten. Darüber hinaus kann man mit den Linien 4 und 5 über die Venloer Straße bis zum Gürtel fahren und dann mit der Linie 13 weiter bis zur Haltestelle Weinsbergstraße/Gürtel.

• Friedhofsführungen
Führungen über Melaten bieten unter anderem das Verkehrsamt der Stadt Köln, der Verein StattReisen e.V. und Detlef Rick, Cölln-Führungen, an. Dort kann man sich nach den Terminen für Führungen erkundigen. Außerhalb der Geschäftszeiten von StattReisen kann man sich unter der Infoline-Nummer über das aktuelle Programm des jeweiligen Wochenendes informieren.

Verkehrsamt der Stadt Köln
Tel.: 0221/221 – 3332

StattReisen Köln e.V.
Tel.: 0221/7325113
Infoline: 0221/738095

Detlef Rick
Cölln-Führungen
Tel. und Fax: 0221/737673